Quatre Conversas Entre Dos Personatges Dits Albert Y Pasqual: En Las Que Ab Un Estil Sensill Acomodat Á La Capacitat Dels Menos Instruits Y En Decimas, Se Ataca La Impietat Y Sistema Constitucional...

Thomas.] [Bou

Nabu Public Domain Reprints:

You are holding a reproduction of an original work published before 1923 that is in the public domain in the United States of America, and possibly other countries. You may freely copy and distribute this work as no entity (individual or corporate) has a copyright on the body of the work. This book may contain prior copyright references, and library stamps (as most of these works were scanned from library copies). These have been scanned and retained as part of the historical artifact.

This book may have occasional imperfections such as missing or blurred pages, poor pictures, errant marks, etc. that were either part of the original artifact, or were introduced by the scanning process. We believe this work is culturally important, and despite the imperfections, have elected to bring it back into print as part of our continuing commitment to the preservation of printed works worldwide. We appreciate your understanding of the imperfections in the preservation process, and hope you enjoy this valuable book.

QUATRE CONVERSAS
ENTRE DOS PERSONATGES
DITS
ALBERT Y PASQUAL,

EN LAS QUE AB UN ESTIL SENSILL ACOMODAT A LA CAPACITAT DELS MENOS INSTRUITS Y EN DECIMAS, SE ATACA LA IMPIETAT Y SISTEMA CONSTITUCIONAL, PUBLICADAS EN DIFERENTS EPOCAS.

AUTOR
LO R. P. Lr. Fr. THOMAS BOU,
DOMINICO.

Ab las llicencias necessarias.

BARCELONA:

En la imprenta de la VIUDA Y FILLS de DON ANTON BRUSI.
1830.

Row 2556.31

Harvard College Library
Aug. 16, 1916
Sever fund

AL LECTOR.

En lo principi del any 1821 al veurer com se anaba escampant lo veneno de la impietat en tota la provincia ab la llibertat constitucional de parlar y escriurer contra la Religio y bons costums, al pas que se perseguia als predicadors si parlaban contra ella; mogut sens dupte de una singular inspiració de Deu, que se val moltas vegadas de las criaturas mes debils é ignorants per confondrer als qui se glorian de ilustrats y se pensan ser alguna cosa; vas compondrer y publicar una conversa, que es la primera que va en est quadern, per la instrucció del poble á fi de que no se deixás enganyar de las aparents rahons dels impios. Confiat en la llibertat de imprenta, no vas reparar d donarla á llum, atés que unicament impugnaba la impietat y heretjía; per qual fi vas fer una pro-

testa al principi, com veurás en la tercera decima, de que no era lo meu intent parlar contra la constitució, lo que ja veya hauria estat un sacrilegi imperdonable en aquella época. Pero com la llibertat de imprenta sols estaba concedida per publicar impietats y llibertinatje, pues per publicar cosas bonas, utils y necessarias antes ja hi era, y com la constitucio no era mes que una máscara baix la qual se amagaba la infernal intencio de abolir la Religio Catolica en lo regne, al veurer los sectaris descubert lo seu plan en un escrit tant clar y catalá, que podia entendrer lo mes ignorant, y escampat per tota la provincia antes que ho advertissen, mogueren tal polvoreda, que segurament no se ha vist ja may mes encono, mes furor, ni mes atropellament de lleys contra la publicació de un escrit. Fou pres immediatament lo impressor y un tal Sr. Anton Nogués torner, qual eixí com un tercer que habia cuidat de la impressió, perque no sonés lo nom de frare, que sol bastaba per ser proscrita la conversa; pero com luego se declará que era lo verdader agent un llec Dominico, dit Fr. Ramon Claramunt; en seguida fou arrestat y dins poc, per disposicio del jutge de primera instancia, portat á la presó pública. Mes no contenta la facció impia de haber atropellat las lleys mateixas constitucionals, segons las quals ningu se podia posar pres fins á sentencia definitiva, y las de la llibertat de imprenta per las que bastaba eixis un responsable de la cosa impresa, com ho era lo sobredit Fr. Claramunt de la conversa; sabut lo nom del autor y lo lloc de sa residencia, se passaren las ordres mes severas á la Justicia de Solsona perque me detingués, prengués inventari dels mobles de la celda y me conduissen á Barcelona.

No faltá lo amic Fr. Claramunt á avisarme luego de veurer la gran fermentació, acalorament y alborot dels conjurats ciutadans; per lo que vas preferir expatriarme de regne, ans que caurer en las mans de unas

fieras, que no coneixian mes lley que la passió que los dominaba. Burladas sas esperansas de apoderarse de ma persona, y no contents de tenir pres al sobredit responsable; passaren requisitorias por lo Principat alomenos, y per ultim me emplassaren per bando publicat en los diaris de Barcelona del 28 de Mars per primera vegada qual es á la lletra com se segueix. »D. Josef Mariano
»Marquez y Aguilar, ministro ordi-
»nario de la Audiencia de Estrema-
»dura, y Juez de primera instancia
»de Barcelona y su partido. ⸺ Por el
»presente cito, llamo y emplazo por
»primer pregon y edicto al Rdo. P.
»Fr. Tomas Bou, religioso Dominico,
»Lr. del Colegio de la ciudad de Sol-
»sona para que en el término de diez
»dias contaderos de la fijacion y pu-
»blicacion de este edicto se presente á
»disposicion de este mi tribunal para
»ser oida su justicia si la tuviere en
»meritos de la causa que á instancia
»del fiscal del tribunal de censura
»estoy substanciando en virtud de la

»denuncia que este hizo del impreso
»en idioma vulgar titulado: Conversa
»entre Albert y Pasqual, por ha-
»berle considerado en parte sedicioso,
»y en parte incitativo á la desobe-
»diencia de algunas providencias de
»nuestro augusto Congreso, (que tal?
»es á dir,. que lo Congres august
»donaba providencias impias y he-
»réticas, pues la conversa no parla
»contra res mes) y haberse declarado
»que habia lugar á formacion de
»causa, que no presentándose en el
»término referido se procederá en
»ella segun corresponda parándole
»el perjuicio que hubiera lugar, sin
»mas citarle ni llamarle hasta la
»sentencia definitiva inclusive: y
»para que venga á noticia del espre-
»sado Lr Fr. Tomas Bou, religioso
»del Colegio de PP. Dominicos de la
»ciudad de Solsona, mando publicar
»y fijar el presente en los parages
»públicos y acostumbrados de la re-
»ferida ciudad de Solsona y de esta
»de Barcelona, dado en ella á 26 de
»marzo de 1821. = Josef Mariano

»Marquez y Aguilar. = Por man-
»dado de dicho Señor. = Jaime Mo-
»relló y Mas, escribano."

Als tres mesos ó cerca de ells de estar en presó lo sobredit Fr. Claramunt se feu la censura per los jutjes anomenats de censura, quals, segons vas saber, se vejeren forsats á donarla com declara la sentencia, perque alló que ne deyan poble, es á dir, quatre exaltats y pagats per los gefes de la facció, cridaban lo tolle tolle perque fos condemnada la Conversa, ó millor diré, perque aixis ho volian los caps de la secta. En vista pues de la censura se falld la sentencia contra la Conversa y contra lo dit Fr. Ramon Claramunt, com á responsable, (á las horas ja fou regenegut com á tal, quant antes no bastaba) la que segons lo diari de Barcelona del dia 25 de Maitg es com se segueix. »Sentencia. = El Ilustre
»Sr. D. Josef Mariano Marquez y
»Aguilar, ministro honorario de la
»Audiencia de Estremadura, y Juez
»de primera instancia de la ciudad de

»*Barcelona y su partido: habiéndose
»observado en este juicio todos los
»trámites prescritos por la ley y ca-
»lificado los jueces de hecho con la
»nota de incitador á la desobediencia
»en grado segundo el impreso titula-
»do: Conversa entre Albert y Pas-
»qual, denunciado en 23 de febrero
»de este año por el Sr. Fiscal de
»censura de esta provincia D. Igna-
»cio Vidal: la ley condena á Fr.
»Raymundo Claramunt, religioso
»lego del convento de PP. Dominicos
»de esta ciudad, responsable de dicho
»impreso á la pena de 50 ducados de
»multa espresada en el art. 21 del
»tit. 4.º, y en su consecuencia mando
»se lleve á debido efecto, y que pa-
»gue las costas de este proceso. (las
»que pujaren ab los 50 ducats á 423 ₺
»18₴ 4) Y por esta sentencia defini-
»tivamente juzgando asi lo pronun-
»cia, declara y firma = Josef Ma-
»riano Marquez y Aguilar. = Pro-
»ferida y promulgada fue la antece-
»dente sentencia por el antedicho
»Ilustre Sr. D. Josef Mariano Mar-*

»quez y Aguilar, y de su orden leida
»y publicada por mi el escribano
»infraescrito en el dia de hoy 23 de
»mayo de 1821.== Jaime Morelló y
»Mas, escribano."

Posat en lo lloc de la mia expatriació vas compondrer la segona que fou impresa en lo any 1822 y la tercera en 1823 é impresa en Vic als principis de 1824. Me habian instat varias vegadas porque las reimprimis totas reunidas en un quadern; pero com lo meu intent era compondrer una quarta ab lo mateix estil fent una apologia de la Religió, per fer veurer als menos instruits, per los quals he escrit sempre, quant conforme es á la raho natural la nostra Sta. Religió, contra lo que senten á dir als impios incapassos de seguir la mateixa raho que tan cacarejan á causa de la sua ceguera; he esperat fer la reimpressió y reunió fins al present en que he pogut donar á llum la quarta.

Aqui tens pues, Amat Lector, los motius y lo historial de estas quatre

Conversas que te oferesc: vulla Deu que te n' aprofitias per no deixarte may enganyar de las aparents rahons dels irreligionaris y per afiansarte mes y mes en la Sta. Religio de Jesu-Christ baix la obediencia del Soberano Pontifice que es la unica verdadera y la que aprenguerem de nostres pares; y al mateix temps perque te desenganyias de soberanias de poble y no vulgas mes que un Soberá llegitim, aixis com un sol Deu, y qual es al present lo Sr. D. Fernando septimo que Deu guarde y nos conservia y seran los seus successors segons las lleys antiguas del Regne.

Fr. Thomas Bou, Dominico.

PRIMERA CONVERSA

ENTRE

ALBERT Y PASQUAL

Molt crítica, molt gustosa, molt interesant y molt instructiva per desvaneixer preocupacions y per illustrarse.

DECIMAS.

Albert.

Digas, Pasqual, que ve á ser
Esta nova lley que corra,
Que de una plomada esborra
La Lley del Deu verdader?
Com per aixó es menester
Un poc de lletra menuda,
Aquell que la te gruixuda
Com jo, se deu informar,
Pues diuen, quel preguntar
Es propri de la gent ruda.

Pasqual.

Jo dic de sabis, Albert,
Pues que qui saber desitja
Se pot dir que mes de mitja
Sabiduría ha cumplert:

De no ferho aixis, se pert
Gran part de una Nació......
Mes, deixant esta rahó
Quina es la lley que vols dir?
No voldrás pas consentir
Sia la Constitució?

Alb. No parlo de aquesta lley
Quel Gobern nos ha posat:
No, Pasqual, que sé es pecat
Haberselas contra 'l Rey:
Parlo de una mala lley,
O secta, que estic, quen diuen,
De uns filósofots, que escriuen
Disbarats contra la Fe:
De uns que al mal li diuen be,
Y de tot lo bo se riuen.

Pasq. Pues, gojat, que vols quet diga
Si tu mateix ja sabs que 's?
Que vols, si tu jas entés
Que 's de nostra Fe enemiga?
Pues, á qualsevol que escriga
O parli desta manera,
Suposal com si no hi era
Y guardat de ferne cas:
De aqueix modo observarás

La lley de Deu verdadera.

Alb. Be está: pero jo voldria
Quem diguesses, sit apar,
Com podria refutar
Aquesta filosofía.
Es lo cas, que cada dia
Alguns, que antes eran bons,
Me matxacan ab rahons
Contra certs punts de la Fé
Y contra lo que conté
A ralla las pasions.

Pasq. Vet aqui l' quels ha perdut
A mes de quatre, l'pensar
Que podian disputar
Ab qualsevol, y han caigut.
Contra un enemich astut
Es menester gran ciencia:
Per tant l' Iglesia ab prudencia
Disputar de res sagrat,
Als indoctes te privat,
Per no exposar sa creencia.

Alb. Ja ho sé; pero sins trobem
Cada dia precisats,
Al oir tans disbarats,

A dir lo que no voldrem?
Pues, digas, com ho farem
En semblants ocasions,
Quant nos venen ab rahons,
Que apareixen verdaderas?
¿Farém com las pescateras
Que s' hi fan ab los tacons?

Pasq. Jat he dit que lo callar
En tals materias convé
A qualsevol que no té
Ciencia per disputar.
La resposta que has de dar,
Quets catolich, y no deus
Donar oidos á veus,
Suspitosas solament,
Contra de algun manament,
O contra de lo que creus.

Alb. Pero luego dirán
Que so un *fanatich*, y que
Crech de massa bona fe,
Com los moros lo alcorán.
En seguida m' citarán
Una plana de Rossó,
Que Volter escriu que assó
De la fe y la pietat

Y quant nos han predicat
Es tot *superstició*.

   Pasq. Pues mira, si tu pretens
Una resposta donar
Ab quels pugas sufocar,
En dos paraulas la tens.
Digals que mes te convens
La autoritat revelada
En la Escriptura sagrada,
Y l' que han dit tants Sants Doctors,
Que la de quatre escriptors
De conducta reprobada.
   En efecte, ¿qui será
Tant insensat que abandoni
Un autentich testimoni
Y l'de un qualsevol creurá?
Puntualment de aqui está
Pendent tota nostra sort
Que ha de seguirse á la mort;
Y en punt de tant interés
Tres ó quatre bandolés
Nos faràn mudar de nort?
   Digals tu, sis fiarán,
Quant han de pendrer consell,
En cosas que hi va la pell,
Del primer que trobarán?

Digals, si consultarán
Un asumpto de entitat
Ab qualsevol advocat,
Mes á mes, si es suspitós?
¿No dirán ques perillós
Y enterament exposat?
　　Preguntals, si un navegant
Per acertar lo viatje
Creurá mes algun salvatje
Quel quels del art li dirán?
Digals, sil comerciant,
Si l' artesá, si l' pagés
Creurian si algu l's digués:
No aneu bons, aneu errats,
No cregueu vostres passats,
Ho habeu de fer al revés?
　　¿Será pues just quens fiem
En negoci tant de veras
De quatre ó sinch calaveras,
Y á la iglesia abandonem?
Per un instant suposem
Que la tal cosa es duptosa:
¿Qui dirá que no s' exposa
Aquell que á la part se inclina
Ahont lo vici predomina
Y es molt menos numerosa?

Alb. Aixó es lo quem te admirat
Ques crega mes facilment
Lo escrit d'un home dolent
Quels bons d'una infinitat:
¿Qui es aquell que se ha mirat
Ab tino y reflecció
Nostra santa Religió
Y nol ha vist ben fundada?
Y qui es lo que la ha impugnada
Sino un canalla ó bribó?

Pasq. Pues estos de qui fan cás
Francmasons y llibertins,
Son uns homens tan ruins
Que imitan á Satanás.
En casi tots trobarás
Que confesan la importancia
De la Religió; y ab ansia
Treballan per ferla perdrer:
Vejas sis pot ben compendrer
Ques infernal sa constancia.
Escrits tant inconseguents,
Si be que molt ben xarrats,
Han lograt ser acceptats
Entrels corrumputs talents.
¿Sabs perque? los manaments
Incomodan, y com crida

La fe que hi ha una altre vida
Sen voldrian descartar,
Per poderse desbocar
Com los caballs fora brida.
   Aixó ls' fa dir *fanatisme*
A la Santa Religió:
Aixó es la *supersticio*,
Voler creurer lo *Ateisme*.
Un brut materialisme,
Que portan aquells autors,
Es per ells un ram de flors
Quel oloran sens cessar,
Per no poder aguantar
De sa conciencia ls' fetors.
   Ells diuen que lo de fe
Es una cosa increible;
Y un argument invencible
De aixó mateix jo ls' faré.
Quem diguin ¿com se pogué
Fer quels' primers la escoltassen,
La creguessen y abrassassen
Sens la menor repugnancia?
¿Com es que ab tanta constancia
Molts morint la defensassen?
   A fe que no podrán pas dir
Que fossen preocupats;
Al revés; de sos passats

Veyan las lleys abolir.
¿Com pues varen consentir
Sent cosa tan increible?
¿Quem' diguin com fou possible,
Quels' donassen entenent,
Aborrir tot lo present
Per una gloria invisible?

Ah! per mes que se las heuen
De la fe, perques obscura,
Nos aqui la confitura,
Nil motiu perque no creuen.
Deya un d'ells; *Si acas me treuen*
Un sol dels deu manaments,
Y volen per aixó, tres cents
Articles mes que jo creguia,
No hi ha cap perill quels neguia?
Ni quels deixi mal contens.

O sino, vels observant
La vida si es bona ó mala,
Ils veurás tocats del ala
Als que aixis te parlarán.
Pregunta dells, y t' dirán
Que son uns galans estrofas:
Veurás que ab burlas y mofas
Contextan al quils confón:
Ja coneixerás qui son
Ab lo so de las plantofas.

¿Vejas sils homens sensats
De talents bons y judici
Que nols domini cap vici?
Si creuhen tals disbarats.
Mes: no estam escarmentats
Del fruit que'n la Fransa feren
Luego que se estengueren
Estas maximas brutals?
Tothom sab los grossos mals
Que en aquell regne s' vejeren.

Tant se varen propassar
Aquella gent disoluta,
Que fins una prostituta
Arribaren adorar.
¿No veus en que va parar
No voler Religió?
Quant de la adoració
A Deu, ne deyan locura,
Feyan Deu la criatura
Cegats de la passió.

¿Y á uos homens tant carnals,
Tant cegos detras del vici,
Que cauen al precipici
De igualarse als animals,
Los creurem, si estam cabals
De seny y de enteniment,
Mes quel quens están dient

La Iglesia y la conciencia?
Oh! no crech que la prudencia
Dicti semblant pensament.

Alb. Cregas qué aixó sol, Pasqual,
Basta per desenganyar
Al qui desitjia no errar
Y en las cosas va formal;
Puix si algú non fa cabal
Hem de dir que está perdut,
Quel judici se ha begut,
Que no hi veu al mitj del dia,
Y que fins despert somía,
O vol viurer com un brut.
¿ Y que has vist tu tal vegada
Estos autors tant dolents,
Que veitx que molt be ls' entens
Y penetras sa empanada?
Jat dich jo quel has trobada
La cuca dins del forat:
Aixó, aixó es la veritat,
Y no lo que tant blasonan,
Que ab las *novas llums* que donan
Lo sigle se's illustrat.

Pasq. Jo ni Volter ni Rossó,
Ni cap de aquells he llegit,

Perque estaba prohibit
Antes per la Inquisició:
Y com tota la rahó
Perque aquella los privá
Era per lo mal que hi há;
Aixis com antes pecaba
Quils llegia ó escoltaba
Ara tambe pecará.

  Quant l' Iglesia prohibeix
Algun llibre, algun escrit,
Es perque miral' profit
De sos fills, pues que coneix,
Que si qualsevol llegeix
Alguna mala escriptura,
Per mes que tinga fe pura
Abandonarla s'exposa,
Tant com á morir quis posa
Una serp á la cintura.

  ¡Massa que la experiencia
Tots los dias nos ensenya,
Que son molts los qui despenya
De la deguda creencia,
La falta de obediencia
A la Iglesia, en ordre á esta!;
Es cosa ja manifesta
Que un mal llibre escandalisa,
Aixis com desmoralisa

La pintura deshonesta.

Som fragils y ns' es precís
Fugir las ocasions;
¡Be prou que las passions
Nos donan sempre lo avis!
Qui voléu las reprimís
Donantlas un incentiu,
Quant fins l' amagat calíu,
Si troba palla ó quitrá
Veureu que seus encendrá
Si correns nol impediu.

¿Sabs Albert perque jo sé
L'esperit d'eixos escrits,
No obstant que nols he llegits?
Perque veix lo vént de ahont vé.
A mes de que, jot diré:
Tots ells ja están refutats
Per moltíssims bons lletrats,
Y com portan sas rahons,
O sas inconnexions,
Alli he vist sos disbarats.

Tot lo que diuhen jas vell,
Y tan vell que ja fa fastich,
Pues escriu lo *Eclesiástich*,
Queu deyan los del temps d'ell.
Estos li han pintat la pell
Ab los colors d' eloquencia,

Y per tapar sa indecencia
Diuhen que 's *Filosofia*,
Deshonrant sa picardía
Lo nom desta gran ciencia.

    Ara Albert, te has de guardar
També de una casta fina
De enemichs que á la sordina
La Iglesia vol aterrar:
Estos no gosan negar
De un colp la fé com aquells;
Pero fan com los aucells,
Que aqui pican una espiga,
Alli una pobre formiga,
Y aixis omplan los budells.

    Vull dir, que van salpicánt,
La fé en lo quels' acomoda,
Y una Religió á la moda
En bons termes van formánt
Per exemple t'parlarán
Contra de las indulgencias,
Contra ls' vots, contra abstinencias,
Contra ls' preceptes pasquals
Contra las butllas papals,
Y papals preeminencias.

    No vull dir aquells encara
Que contra dels Sagraments,
Purgatori ó eterns torments,

Te parlarán á la clara;
Estos jan'tret de sa cara
De catolichs la careta:
Parlo sols de una genteta,
Que de catolichs ab capa,
Llevan la tiara al Papa,
Os burlan del que decreta.
   Aixó si, la Religió....
Deu nos guard.... molt mes que avans
Som *catolichs y romans*
Diuen, per *constitució*.
Venen á fer en aixó
Com aquell: *Si senyor tres:*
Pero la carta diu mes....
Si senyor. Pues, la *Católica,*
La *Romana,* la *Apostólica,*
Ara es molt, ara no res.
   O sino, ¿com se agermana
Voler al Papa igualar
Als Bisbes, y no faltar
A la Religió *Romana?*
Si lo quell disposa y mana
Nos creu nis vol obehir,
¿Com podrán may sostenir
Que son *Catolichs Romans?*
Aixis tambe ls' Protestants
Que son *Romans* podrán dir.

Alb. Ja, Pasqual, molts he sentit
Que parlan desta manera;
Pero jom' pensaba que era
Obra de aquells que habem dit:
Alomenos lo esperit
Diria ques lo mateix;
Si be quen' molts nos coneix
Perque apar que tot es zél:
¡Pero llamp! mal any los pel!
Aixis agafan mes peix.

Pasq. Tens rahó que tots pretenen
Un fi mateix en substancia,
Y que aquestos la ganancia
Mes assegurada tenen;
Perque com lo que revenen
Dels heretges mes antichs
Ho tapan ab los bonichs
De nova ilustració,
Que jas' la antigua cansó,
Facilment troban amichs.

Tu ja aurás sentit á dir
Que de heretges la canalla
Divuit sigles que traballa
Per la Iglesia destruir:
Pues mira, tots en cubrir
Han procurat sa ponsonya,

Han fet com lo qui te ronya,
Que la procura ocultar,
Fins despues que tant gratar
Li fa perdrer la vergonya.
¿Sabs pues, Albert, que has de fer
Quant oigas cap cosa nova
Que la Iglesia no la aproba
O be es contra l' seu parer?
Digas quet basta saber,
Com á *católich Româ*,
Que alló es fals, pues no ho dictá
Lo pastor de las ovellas,
Quant ell es, y no son ellas
Qui Cristo en lloch seu deixá,
A mes de que, si creyém
(Parlánt de Religió)
Qualsevol opinió,
Luego nons entendrém:
Potdicas que habiát farém
Un Cisma y una anarquía,
Perque aquell que se desvia
De la lley universal
Divideix lo cos moral
Y tota soberanía.

Alb. Pues, Pasqual, jo no se entendrer
Com fins Sacerdots (alguns)

Defensan aqueixos punts
Y altres quens poden fer perdrer:
Ningù millor pot compendrer
Que aquella mala doctrina
Tot correns nos encamina
A fer com en Inglaterra,
Holanda y en tota terra,
Que han perdut la lley Divina.

Pasq. No te han de escandalisar,
Albert, aquells testimonis;
Perque ja sabs quels dimonis
Saben molt de guerrejar.
Procuran, pues enganyar
Algun de elevada esfera,
Perque aixis de tal manera
Sels aumenta la ganancia,
Que infinits sens repugnancia
Se allistan á sa bandera.

Molta part dels heretjasos
Sacerdots los trobarás;
Pero luego veurás
Que tals foren los seus passos:
Caigueren primé en los llassos
De superbia ó mala vida,
Y com quant passa la mida
La maldat, la conciencia

No vol tenir paciencia,
Al fi llanssaren la brida.
 Examina pues qui son
Los qui exhalan eixos fums,
Y veurás com sos costums
Son enterament del mon:
Veurás que ningú l's confón
Ab lo comú dels demés,
Ab la diferencia, y es
Que la gent bona ls' reproba,
Y sols la mala ls' aproba,
Perque sels hi semblan mes.
 Mira corre un estampat
Impío de un tal *Llorente*:
¿Y sabs tu qui es aquest ente?
Un canonge afrancesát:
Un Español renegát
Amich de *Joseph botella*,
Qual tementse que l' esquella
Li tocaria l' Espanya,
Fugí á Fransa, y ara enganya
Als mals Espanyols desdella.
 També sens ha traduit
Un llibret, ques de un tal *Prad*
Bisbe Francés y estimát
De Bonaparte y partit:
Pues aquell tal, lo esperit

En son llibre ns' descubreix,
Quant diu, que nons aplaudeix
En la constitució.
La *única Religió*,
Que tot' altre prohibeix.
   Y un home que haja olvidát
Sas obligacions del tot,
Per mes sia Sacerdot,
¿Deu fernos autoritat?
¿Creurem quell sol no va errát
Y quels demés tots hi van?
Amigo, aixó no ho creuran
Ni l's mateixos amichs seus,
Encaraque en altas veus
Publiquin ques home gran.

  Alb. Ay Pasqual! prou quels alaban
Als que mes escandalisan;
Quant als bons los satirisan
Y de infamarlos no acaban!
Jo no se sils preguntaban,
¿Com es que ho fan, que dirian?
¿Ab quina lley salvarian
Lo dir mal de eclesiastichs,
Escriurer contra ells mil fástichs,
Que contra altres no farian?
   Nons priva la lley de Deu

Infamar á qualsevol?
Mes: *Tot Ciutadá Espanyol*
Just benefic ser no deu?
Ab qual lley, pues vos preneu,
Jo l's diria, tal llicencia?
Aixó es la beneficencia.
Del Bisbe y del Sacerdot
Ferne burla y escarnot
Sens modos ni conciencia?
¿No son ells aquells *ungits*,
Dels quals diu lo mateix Deu,
Als Cristos meus no toqueu,
Segons los sagrats escrits?
¿Poden ells ser aborrits
Sens que Jesu-Christ ho sia?
¿Nons digué que ohit seria
Sempre y quant à ells ohissem,
Y que quant los aborrissem,
Sobre ell nostre odi cauria?

Pasq. Mira, Albert, per destruir
La Iglesia, ja diu Volter,
Quel'primer que se ha de fer,
Als Ministres oprimir,
Infamarlos y envilir,
Perquel' poble l's aborresca,
Pues com de aqui se seguesca,
Ser lo Sagrat Ministeri

Un estat de vituperi,
No es posible subsistesca.
    Y en est cas, com no hi aurà
Qui zeli l'culto de Deu,
Seguirá l' curs de la neu
Que poch á poch se fondrá.
Vet aqui pues en que está
La causa perque se escriu
Tant mal com se pot y s' diu
Dels Frares y Capellans;
Sino que están molt distants
De donar aqueix motiu.
    Cuidado, pues, ves alerta,
Que estám en temps perillosos,
En que ls' inferns furiosos
Tenen sa gran boca oberta.
Tu aquella fé te per certa
Que la Iglesia t' va ensenyar,
Not' deixis preocupar
Ab novas invencions
Y fuitx las ocasions
Si, com crech, te vols salvar.

Alb. Gracias, Pasqual, y perdona,
De haberte tan molestat;
Mes cregas que me has donát
Una doctrina molt bona.

¡Amen que tota persona
Ab tù vingués á informarse!
Ben lluny de preocuparse,
Se despreocuparia,
Y en los teus consells veuria
Lo bon modo de ilustrarse.

SEGONA CONVERSA

ENTRE

ALBERT Y PASQUAL

Anti-liberal ó anti-diabólica, y per lo mateix delatable à la fracmasònica inquisició del liberalisme, jacobinisme, carbonarisme, radicalisme y jansenisme, ect., ect, ect., y digna de tots los anathemas de la secta, que te prohibit de dir la veritat desde que decretá la llibertat de imprenta.

Qui male agit odit lucem, ut non arguantur opera ejus. Joan. c. 3.

Qui obra mal aborreix la llum, perque no sian vistas sas picardias.

Albert.

Ola Pasqual que t'has fet
Que temps not habia vist?...
Mes que tens, que estàs tan trist?
Y sembla't veitx inquiet?
Quet'han guanyat algun plet
O'ls negocis te van mal?
Explicat, amich Pasqual,
Quem fas estar tragitat,
Pues mè sembla aurás probát,
Tens en mi un amich leal.

Pasqual.

¿Qué no sabs lo que ha passat,
Ni tampoch sabs lo que passa?
Cert que tens bona catxassa,
Y que vius ben descuidat:
Que no sabs fou condemnát

Aquell enrahonament,
Que tots dos secretament
Tinguerem sobre la fé?
Pues amich, quant se sabé,
Ja no has vist mes somatén.
 Al pobre quel publicá
Lo arrestaren, lo prengueren
Y en una presó'l tingueren
Fins que una multa pagá:
Cinc sentas lliuras costá
Al pobret la funció,
Y encara valga que jó
Tinguí temps per escaparme,
Pues volian agafarme,
Per calarme á la presó.

 Alb. ¡Com diantre! no ho creuria
Sino perque tu m'ho dius!
¿Y no deyan los motius
De tan gran pesquicería?
¡Pero que peste podia
Mourer las autoritats?
Que aquells que son obstinats
Diguessen que no era bo;
Ja ho veitx, tenian rahó;
Mes, home, ¡los magistrats!
 Pasq. Pues, amich, fou la sentencia,

Que ab los consells que jot daba
A tu'y altres incitaba
A la desobediencia:
Ab qu'es dir que obediencia
Als impíos cal prestar,
Ab qu'esdir, quèt vas parlar
Contr'el gobern que tenim,
Ab qu'esdir, que ara servim
Uns enemichs del altar.

Alb. ¿Y donques la llibertat
Y Religió, que diuen,
Son noms que sols los escriuen
Per teni al poble enganyat?
Mira, sempre m'he pensat
Que no anàbam massa bons:
Que era obra de fracmasons
Casi sempr'el cor me deya;
Mes, quet diré? jo nom creya
Tant malas intencions.

Pasq. Pues, home com te podias
Pensar que fos res de bo
Mourer revolució
Contra'l Rey á qui servias?
¿Quina esperansa tenias
Ab uns que s'han rebel-lat

Contra son Rey que han jurat,
Y que li fan violencia,
Perque contra conciencia
Firmi'l qu'ells han decretat?
 Mes, ¿y vols proba millor
Da sa intencio perversa
Qu'el privar nostra conversa
Ab tanta pressa y rigor?
¿Que diguerem quels fes por
Y que tan los alarmés?
Se parlá alli de res mes
Que contra la impietat?
No: mes com es son pecat
No volian se sabés.

Alb. Pero, vaya, ¿nons han dit,
Que tothom te llibertat,
De escriurer lo que ha pensat,
Mentres sia de profit?
¡Certament quedo aturdit
De tant rara funció!
¿Es dir, qu'ells fan ab aixo
Contra qui res de bo pensa,
O contra qui la fé defensa,
Un' altre Inquisició?

Pasq. Y tal Inquisicio!

Be es pitjor, en nom de Deu!
Com que may aquella feu,
Lo que aqueixa facció.
Ells clavaren en presó,
Sens ferli causa primer
Al qui publicá el paper,
Y sas proprias lleys trencánt,
Prohibiren al instant
Quel vengués cap estamper.

¡Ay Albert, com se coneix,
Qu'ets home de bons intents,
Y que encara no comprens
Lo gran jou quens oprimeix!
La pessa que sens urdeix,
Temps ha que la estic mirant,
Sino qua anaba aguardant
Que parlassen homens sabis,
Perque no's digues que agravis
Son los que parlar me fan.

Mes, ja que no hi ha remey,
Que ells mateixos se descobran,
Ab lo gran descaro que obran
Contra Deu y contr'al Rey:
Ja que contra tota lley
Nostra conversa privaren,
A pesar que no hi trobaren
Res de inconstitucional,

Y, sols perque deya mal
Dels impios, condemnaren:
Ja que sa gran tirania
Fins la boca ens vol tancar
Quant la fé es vol defensar.
Vaitx á obrir jo mes la mia:
Y encara que ja sabia,
Tot lo que ara te vull dir,
Nobstant me vas contenir,
Per no faltar á sos ordres;
Mes, despres de tants desordres
No puc ja mes obehir.
Lo nom *constitució*
No es que un titol colorat
Baix lo qual se es amagat
Una infame facció,
Que no vol religió
Ni falsa ni verdadera,
Y que solament espera
Una ocasió favorable
Per tot tirarho al diable,
Y acabar ab la Fé entera.
Es una secta malvada,
Que baix de nom diferent,
En tots los regnes se exten,
Y fa'l mal á la callada:
En Fransa es anomenada

La secta dels jacobins,
En Napols y'ls seus vehins
Carbonaris, en Bretanya
Radicals, en nostra Espanya
Liberals ó llibertins.
 Tots estan agermanats,
Y tenen jurat fer guerra
A Deu y als Reys de la terra,
Fent reboltar sos estats:
¿Not recorda de anys passats,
Quants mals feren en la Fransa?
Pues no duptis, que la dansa
Ara aqui's va á comensar.
Y quens van á fer ballar
La mateixa contradansa.

 Alb. Pues, home, ¿qui ho entendrá?
¿No diu la constitució
Que la Santa Religió
Católica se observará?
¿Nons diu la protegirá
La nació? ¿Dons perque ho posan,
Si perseguirla's proposan?
Vet aqui'l que tothom diu,
Y aqueix crec es lo motiu
Perque molts parlar no gosan.
 Pasq. Tu't fias perque posaren

En la constitució
Lo nom de Religió?
Poc sabs tu quant s'hi pensaren:
Mes al fi consideraren,
Si acas noli posem,
Nos desacreditarem
Ab lo poble ques catolich:
Quant lo aurem fet diabolich
A las horas l'han traurem.

 Mes, tu encara no has pesát
Los termes, ab que está escrit:
Pesals be, y veuras lo ardit,
Ab lo qual se han expressat:
Not diuen quets obligát,
A ser catolich ni res,
I's protegirá, y no mes,
La Religió, posaren;
De defensarla ho callaren,
Com calia que digués.

 A mes de que, son tan mals,
Ques valen de la mateixa,
Per fer callar al qui's queixa
De sos decrets infernals:
Si'ls conve fan liberals
Als sants doctors de mes nota;
Quant nols conve'ls posan sota
De Baile, Volter, Rossó:

En fin á la Religió
La fan servir d'arcabota.
  Vet aqui com sedueixen
Fins á gent de conciencia,
Ques creuen, que obediencia
Deuen als qu'ils destrueixen
Los temples, y que oprimeixen
Al Rey, Reina y sos germans,
Ajudantlos en sos plans
Alguns mals ecclesiastics,
Que tenen la Fé ab elastics
Y la moral de Milans.
  ,,Creume, ningú fa tant mal
Com los estudiantillos
Y eclesiastichillos
De la moda, y tal moral.
Sa ciencia magistral
En burlant la autoritat,
Que sab á la antiquitat;
Seguint la moda del dia
Tot error, y heretjia
Nos ha ben desenterrat.
  Ara, digas tu mateix,
¿Quina religió segueixen
Quant al Papa no obeeixen
Y als Bisbes sels persegueix?
¿Quins concilis regoneix

Aqueixa turba malvada,
Quant tant á la descarada
A la Iglesia está robánt,
Y als ministres dispersant,
Sent cosa tan condemnada?
 Quant donan ampla llicencia,
De escriurer y de parlar
Contra lo trono y altar
Y contra tota decencia;
Quant tenen per insolencia,
Si la Iglesia se lamenta,
Al veurer tan gran tormenta;
Quant se veu que la promesa
Llibertat sols es permesa
A la canalla dolenta.
 Mes Albert, ¿no veus que feren,
Tot seguit quant comensaren,
Que al primer pas que donaren,
La Inquisició tragueren?
Las corts que despres vingueren,
¿Sabs tu en que se han ocupat?
En lloc de arreglar lo estat,
Que era'l seu unic negoci,
Guerra contr'al Sacerdoci,
Per acabarlo aviat.

Alb. Pues cregas, amich Pasqual,

Que vas entendrer molt be,
Que perillaba la Fé
Trayent aquell tribunal:
Jo prou deya, ¿mes quin mal
Fa á la Constitució
Que hi haja Inquisició?
Pest'els sec! massa quen feya,
Com cap dells ab la Fé creya,
Los feya por sa presó.

 Aixi mateix me he queixát
De altres cosas, com oim,
Quels convents van suprimint,
No se ab quina autoritat!
Que Bisbes han desterrát,
Ell s'ho sab per quins motius,
Mes ja veitx ab lo quem dius,
Que aqueixa gent ab sa manya
A nosaltres de montanya
Vénen garsas per perdius.

 Tambe me va encadernar
Veurer part del delme tret,
Tot seguit vas dir, mal fet,
No ho poden ells dispensar;
Mes no se ques va xarrar
Un de aquells de la milicia,
Y com tenta la avaricia
Lo vaitx creurer facilment,

Mes ara vaitx comprenent
Que aqui hi ha molta malicia.

Pasq. Escolta, Albert, ¿ quins poders
Te cap govern secular
Per disposar del altar
Del gran Deu del Univers?
Be cal que sia un pervets
Heretjás, lo qui fa aixó,
Pues segueix la opinió
Dels heretjes que aixo feyan
Y que, com ells ara, deyan
Llibertat, protecció,
 ¿ Y has vist que per protegir
Una persona ó ciutat
Se li hajan may privat
Los medis de subsistir?
Pues ninguns pot desmentir
Que la Inquisició impedia
La entrada de la heretgia
E impietat de la Espanya,
Y si'l que toquem nom enganya
Ara's veu mes clar quel dia.
 ¿ Sera doncs protecció
Destruir una muralla,
Que de l'impia canalla
Salva la Religió?

¿No es una traició
Ben clara, com ho seria,
Si un general destruia,
Defensant una ciutat,
Un fort del qual es probat
Que l'enemich contenia?
   Mes tot home criminal
Un tribunal lo judica,
Y sino se verifica
Que no cessa de fer mal:
¿Y no hi aurá un tribunal
Destinat per contenir
Al qui pretent destruir
La Religió ab heretgías?
¿Al qui las obras impías
Publica ó fa imprimir?
   ¿Es dir, ques te per no res
Un delicte contra Deu?
Es dir, que aquell que no creu
Y perverteix als demes
No pert un gran interés,
Ni porta cap perjudici?
¿Es dir ques poc sacrifici
Perdrer la Religió?
¿No veus la *protecció*
Com ja fa un galan ofici?
   Per traurer l'Inquisició

Lo sol motiu ques donaba
Era de que se oposaba
A la Constitució:
¿ Has vist si es bona rahó?
¿ Doncs, es dir que tant per tant
Nos es mes interessant
Constitució que Fé?
En quant á ells jo'ls crec be
Perque aqueix es lo seu plan.

 Per enganyarnos posaban
Quels Bisbes ja zelarian
La Fé, y que indicarian
Si n'hi habia que faltaban;
Canalla! com se burlaban!
Si alguns Bisbes han volgut
Fer son deber han tingut
Fortas persecucions,
Y may fer las funcions
Del tribunal han pogut.

 Com los primers criminals,
Y contra la Fé'ls mes forts
Son los diputats de corts,
Ja no hi valen tribunals:
Si alguns Bisbes avisáls
Ab tot bon modo han pretés,
Ells sens modos los han pres
Los bens y'ls han desterrát,

Ó be 'ls han amenassát
De ferho si deyan res.

Alb. Vaya, Pasqual, ja dic jo
Que aqueixa gent es ben mala,
Y que sembla que fa gala
De sa mala intenció:
Mes, home, y la nació
¿Com no ho veu, com nos convens?
¿No veu quant inconseguents
Se troban á cada pas?
Ah, y tambe que men dirás
De abolirnos los convents?

Pasq. Penso quel mes ruc entén,
Que un regne per conservarse
Deu de tropas ben armarse,
Y mantenirse opulent:
¿I'l regne del Deu vivent,
Que es la Religió sagrada,
Podrá ser ben conservada
Dispersantli los soldats,
Y deixantlos ben pelats?
Que nils quedia la mudada.

Alb. Per destruir los convents,
Y tot institut sagrat:

Y lo ben organizat,
De infamarlos no contents,
Donan causas aparents
De que frares, capellans,
Los monjos y hermitans
Despobblan tota la terra
Y á la industria fan guerra
Ab los Reys, senyors y grans.

Pasq. ¿Veus quins falsos arguments?
Digasme: Si per ta vida
Has sentit major mentida?
Quant ab frares y convents
Ab los monjos y sos bens,
Ab tanta hermita alajada
Ab capellans, y delmada
Catalunya sempre es rica,
Sa gent per tot multiplica
Sent del mon la mes pobblada.
„¿Pensas que la gent se traga
Lo que diu exa canalla,
Que no fa res ni treballa
Si sols de enredar se paga?
Ja que ells estan en vaga,
Ques posian ab lo magall,
A menjar pa sec, y all,
Que tindran, si plau á Deu,

Per que tot lo be es seu,
Abundancia ab lo treball.
„Ab los Reys, senyors, y grans
Oferint sos bens á Deu
Celeberrim lo nom seu
Sempre han fet los catalans;
Estos vagos xarlatants
Ab crits de superstició
Reformas de Religió
Volen fernos, ja está vist,
De bons fills de Jesu-Christ
Vils deixebles de Rossó.

Alb. Que ells haguessen demanát,
Del modo que se deu fer,
A la Iglesia algun diner
Per allaugerir l'estat,
Santo y bueno; mes carat!
Abolirnos los convents
Y apoderarse dels bens
Ne direm *protecció*?
La mateixa Deu los dó
Als qui han fet tals pensaments.

Pasq. Que peste tant demanar!
¿I'ls vuitanta y cinc per cent
Que pagaba annualment.

La Iglesia, no es prou pagar?
Mes de aqui pots calcular
Lo be que la protegeixen,
O millor quant la aborreixen,
Que cuitan de destruir
Lo que la feya florir,
Perdent lo quen percebeixen.

    Mes encara l's vulls passar
Que part dels bens los robassen,
Y que tant sols los deixassen
Lo just per se alimentar:
¿Perqué ferlos despullar
Del habit y fer eixir
Del lloc que van escullir
Per passar la trista vida?
¿Tambe's precisa esta mida
Per la nació enriquir?

    Si parlám de aquells convents
Que han quedat part, y part no,
Esperant sa extinció
Total també per moments;
Quant quedaren mal contents
Los pobles d'hont los tragueren?
Casi tots recorregueren,
I'ls senyors, que tot ho fan
La veu del poble escoltánt,
Ni tampoc los respongueren.

Ara digas, quin profit
Ne traurá la nació,
Y quin be la Religió
De tot lo que han abolit?
Lo que fins ara ha servit
Per obras santas y pias;
Lo que á tos fills, sin tenias,
Los podia pertocar
Volentse á Deu consagrar,
Ha passat á mans impias.

    Mira, Albert, jo no voldria
Sino que entengués la gent
Desta fábula l'intent:
Diu qu'un cert home tenia
Un'oca que li ponia
Tots los dias un ou d'or
Desitjós de mes tresor
Un dia l'oca matá,
Mes com la mina acabá
Arrancá un grandissim plor.

    Fins ara la Iglesia ha estat
Aquell'oca que ponia
Un ou d'or quant convenia,
Trobantse'l regne apurat:
Ara aixó se aurá acabát,
¿Doncs á qui recorrarém
Quant un apuro tindrem?

¿Als qui ara ho van comprant?
No fill meu, pues ells diran,
Lo quens toca ja ho paguém.
 ¿No veus pues sin fan de mal
A la Iglesia y nació?
L'una pert sa porció
Y l'altre son capital:
Las familias un caudal
Al qual totas dret tenian:
Las personas que voldrian
Viurer en lloc retirat,
Han perdut la llibertat,
Y fins los qui ja hi vivian.

 Alb. Mes, Pasqual, jo no se entendrer
Ab quina lley aixó fan,
Quant la dells está cantán
Que res á ningu's pot pendrer:
Be sembla donan á entendrer
No volen Religió,
Quant fins la possessió
Y proprietat sagrada
A la Iglesia l'han negada
Contra constitució.
 Pasq. ¿Sabs que diuen per robarlos?
Que son bens nacionals,
Y qu'el govern com á tals

Te dret pera confiscarlos,
Jo vull fins aixó passarlos,
Nobstant que es una heretgia;
Mes, ¿ es bona economía
Vendrels per un tros de pa,
Que tot plegat no valdrá
La renda que sen trauria?
 ¿No han promés ells pensió
Als pobres que han abolit?
Si 'ls pagan com los han dit,
(Mes ja'ls fan mala cansó)
¿No estaba mes en rahó,
Que deixantlos als convents
Y administránt ells los bens
Cobrassen sa part, donánt
Compte y rahó del restánt,
No pas gastár ab agents?
 Fentho aixis aprofitaban
Molt millor aquellas rendas;
Ne treyan mes que ab las vendas
I'l culto de Deu deixaban:
La llibertat no privaban
De viurer dins un convent,
I's donaba cumpliment
A tantas obligacions
Qu'els que han fet fundacions
Manaren en testament.

Alb. Vaya, ques bona camorra
Ques tracti sols de acabar
Los frares, sens may parlar
De la mala gent que corra!
¿A quants nos llevám la gorra
Y habem de fer besamans
Que son los nostres tiráns?
¿Quants advocats, quants notaris,
Quants metjets y apotacaris
Y usurers comerciants?

Pasq. Ay Albert! prou tens rahó;
Aqui comensar deuria
La gran reforma del dia,
No pas en Religió:
Vet aqui una porció
D'uns que viuen estafánt,
Los uns dells la sanc xupánt
Als pobres per sa ganancia,
Ils altres ab sa ignorancia
Vivint dels pobles, matánt.

No parlo de tots, Albert;
Parlo si d'una gran part,
Que deshonran lo seu art
Y ab los quals lo credit pert:
De aqueixes si ques ben cert
Qu'hom voldria'ls reformassen,

Y que tant sols graduassen,
Los sabis y cristians,
Y que als usurers tirans
Dels poblés los desterrassen,
 Per los frares abolir
May callan ab sos abusos;
Mes, ¿ y son uns galans usos
Los dels qui acabam de dir?
¿ Es un bon us oprimir
Als pobres, y aixó de ofici?
¿ Es bon us fer sacrifici
Del qui paga per curar?
Lo frare pot mal usar,
Mes, qui paga l'perjudici?
 Y si de abusos parl'ém,
Y la reforma vol dir,
Ques necessari abolir
Als qui ab abusos veyem:
Ja cal doncs que comensem
Per los grans reformadors,
Pues ¿ quin de aqueixos senyors
No abusa y no ha abusát
De aqueix *codigo sagrat*,
Que ja'ns costa tants de plors?
 Aquells son de qui renegan
Los pobles, no pas dels frares:
D'estos quels traguin, los pares

De familia ne gemegan;
¡Amants de sos fills la pagan!
¿I'ls malalts que auxiliaban?
¿Ils pobres que alimentaban?
¡Qui fomentaba'ls oficis?
¿A qui no feyan servicis?
Y per fin ¿á qui danyaban?
 Mes va, nons cansem Albert,
Las corts nos van ocupant,
Que'n acabar aqueix plan,
Que bastant han descubert,
De no deixá res per vert
En orde á Religió:
¿Que'ls fa que la nació
Quedi ben arruinada?
¿Que'ls fa que quedi enganyada
Com logrin sa intenció?
 Esta es, de seguir lo plan
Dels heretges y cismatics
Y de Fransa'ls democratics
Tots los passos imitán:
Lo qu'ells han fet, pues farán:
En la primera envestida
Fora frares, y en seguida
Perseguir lo demes clero,
Perque aixis se quedi un *zero*
La Religió *protegida*.

Ay... encara me descuidaba
De dirte perque serveixen
Las rendas del que aboleixen,
Lo que sa malicia agrava:
¡Si almenos se aprofitab
Per be de la nació!
Pues has de saber que no;
La nació va atrassada
I's troba mes endeutada
Que avans la constitució.

No es de estranyar, pues
Per pagar be'ls partidaris,
Y un gran partit de emissaris
Que en tots regnos sedueixen:
Trau ara'l que percebeixen
Los molts comissionats
En aquest ram destinats,
Y no ab massa conciencia,
Y traume la consequencia
Si son bens ben empleats.

No conto encara'l que va
Dins la caixa liberal,
Perque nols falti caudal.
Segons com los anirá;
Aqueix se transportará
A la América perduda,
Pues ja es cosa convinguda

Entre'ls senyors del partit,
Que alla'ls rebrán tot seguit
Aquells á qui la han venuda.

Alb. Vet aqui'l que no entenia
Com encara pagam tant
Quant anaban predicant
Que ara se allaugereria:
Perque ames de aixó sabia,
Que matllevan milions
Fora del regne, y segons
Me han dit ab prou interés
Si aixó dura gaire mes
Jat dic jo que anirem bens.

Pasq. Esta es l'altre pantomina
De nostres grans liberals,
Que matllevan nous caudals,
Despres que han robát la mina:
Vejas si aixó se encamina,
A baixar contribucions;
Sabs ques: cent deu milions
Que tingueren que enviar
Per poder fer revoltar
Los Napols y Piamonts.

Alb. Mes, Pasqual, quina ceguera

Es la del poble espanyol?
Be es dir que sembla que vol
Veurer sa ruina entera:
¿Pues que diantres espera
D'una secta tant impía
En molts crec ques la manía
Que aqueixos estrafalaris
Xarran sempre en sos diaris
De sa gran soberania.

Pasq. En efecte, soberans
Nos titulem ara tots;
Mes quant se tracta de vots
No governan sino uns quants;
Estos son uns *ciutadans*
Que diuen ells virtuosos,
Y no son que uns quants mocosos,
Que han aprés en lo café
Com han de impugnar la Fé
Per viurer ben viciosos.
»Son uns sabis de diaris
Que xarran de reformar
Lo del trono y del altar
Sent ells grans estrafalaris.
Son d'ungla, y carn ¡ quins canaris!...
En cafés fets oradors
A cop de rom, y licors

Veyem, que á ser han vingut,
Ab l'ayrillo corrumput
Del diable predicadors.

Alb. Massa tens raho, Pasqual:
En lo meu poble n'hi ha dos,
L'un es un escandalos
Y l'altre un cap de tabal:
Si algun altre liberal
Conec, tots son calaberas,
Alguns que van cul-arreras,
Altres ab jocs y estafant,
O soldats que han fet encant
Dels galons ó xarrateras.

Pasq. Vet aqui'ls sabis del dia,
Vet aqui'l poble espanyol,
Vet aqui'l poble que vol
Aquella soberanía:
Junta á aquesta companyía
Fins alguns de processats,
Que ara son los empleats
Dignes, fidels, sobrebons,
Y tens las eleccions
Dels *catolics Diputats.*
¿Que no sabs las violencias,
Las intrigas descaradas,

Que's fan sempre en las votadas
Elegint sas *excelencias*?
Desgraciat que tu pensias
Elegir cap cristiá!
Lo vot set cambiará
Devant dels ulls ben oberts,
Y not voldrán los poders
Per mes sias *soberá*.

¡Ay Albert! si tots podiam
De soberans fer l'ofici!
Dins un moment ni resquici
De constitució tindriam;
De deu parts las nou voldriam
Que ni jamay s'hagues vist
Eixa sombra d'anti-Christ,
Que ab eix titol colorat,
A tants de pobles ha armat
Per fer guerra á Jesu-Christ.

Encara que alguns caigueren
Al principi en lo parany,
Ara ja fa mes d'un any
Que la mala fe entengueren:
Aixis molts sen desprengueren
Forsats de sa conciencia;
Pues ara sols qui no pensia
Ser catolic, ha quedat,
Sent heretge declarát.

Lo qui vol sa obediencia.
   Francmasons y Jacobins
Liberals y Carbonaris
Son los mateixos sectaris
Ab iguals medis y fins:
Als primers d'estos ruins
Tres papas han condemnat,
Y lo actual l'any passat
Condemnantlos igualment,
Diu que als altres hi comprén
Per mes que ab lo nom mudát.

Alb. Doncs, Pasqual, que caldra fer
Contra aqueixa vil canalla
Per ferlos tenir á ralla,
Y sos projectes desfer?
Jat dic que sere'l primer,
Si Deu me dona salut:
Ja sabs que no m'he plangut
Tot lo temps de Bonaparte,
Fes, pues, favor d'explicarte
Quem tens aqui resolut.

Pasq. Jot ho diré: ¿no has ohit
Que en tots llocs se van alsán,
Viva la Fé y Rey cridánt?
Pues segueix aquest partit:

Pren un fusell tot seguit...
Mes, antes será millor
Que disposias lo teu cor
Rebént los sants sagraments,
Y despues no temias gens
Los enemics del senyor.
   Inflamat de zel per Deu
Y sa Religió sagrada
Vesten de la Fé á l'armada
Portánt sobre tu una creu:
Y qual altre Macabéu
Esforsant los teus germans.
Digals, salvém los llocs sants,
Pues mes val morir en guerra
Que abandonar nostra terra
Al poder d'eixos profans.
   Not descuidis de resar
Cada dia lo rosari,
Y algun sant escapulari
Sobre lo teu coll portar:
Pues ja quens volen privar
De donar culto á María,
En son poder tu confía,
Com lo gran Compte Monfort,
Y ella te fara mes fort.
Quels de aqueixa secta impia.
   Sobre tot te cal guardar

De aquell vici tan extés,
Y entre'ls Catalans molt mes,
Qual es lo del renegar:
Si'ls sens á ells blasfemar,
Que cridin que no hi ha Deu,
Que ab l'infern ja no s'hi creu;
Tu cridals, ¿y si n'hi ha?
Que tal, com vos anirá
Quant la clucaina fareu?

Si't diuen quets insurgent,
Si't tractan de faccios,
Digals tu, lo revoltos
Fou vostre Riego y sa gent:
Mes, feslos est argument;
¿No dieu som soberans?
Pues sent nostres drets tant grans
No volem mes vostra lley,
No volem qu'un Deu y un Rey,
No volem mes tants tirans.

Alb. Doncs, Pasqual, sens detenirme
Alla vaitx volant lo peu;
Tu sobre tot prega á Deu
Que se servesca assistirme:
Si tinc la sort de morirme,
Seré molt afortunat,
Pues hauré sacrificat

Per la Fé ma mortal vida,
Lo quem valdrá un'altre vida
Per tota una eternitat.

TERCERA CONVERSA

ENTRE

ALBERT Y PASQUAL.

Casi tant bona com las altres, encara que un xich mes cansada per los Señors Liberals; pero paciencia, avuy per tu, demá per mi: fins ara ells han estat prou pesats, y han cansat d' una manera molt desagradable á tota la gent de be, ab conversas escritas y sens' escriurer, y lo que es pitjor, ab obras. Ab la mateixa mida que mediréu los altres, sereu vosaltres medits, digué Jesu-Christ.

ADVERTENCIA

DEL REDACTOR AL LECTOR.

Amdt Lector: Son tantas las cosas que digúeren lo Albert y Pasqual en esta tercera conversa, que habia pensát redactarla en prosa, á fi de dirho tot, y ab la clareddt possible, pues en vers es molt dificil de ferho. Me inclinaba tambe á lo mateix la gran dificultat que tinch en fer versos, pues no creurias lo treball quem' costa, y décimas majorment, que encara que es la poesía que mes me gusta, es penosa per la estreta lley del consonante. Ja may he estat poeta á natura, que diuhen, y confesso tambe que m' falta aquella gracia que demana la poesía: mes considerant, que la major part de la gent gustan mes de ella per mala que sia, que de la prosa, per la regla, que de poeta y de loco todos tenemos un poco; que unas mateixas veritats las aprenen y retenen mes facilment ab lo vers que ab la prosa; y finalment al veurer tambe lo bon acullimént que se han merescut del públich las dos altras Conversas, singularment la primera, to que en gran part excitá contra mi lo odi liberal, veyent que s' feya mes cas de aquell petit y sensillissim paper, que de totas las suas impuras é impias produccions, encaraque engalanadas ab estil pompós: considerant, dich, totas estas cosas, he pensat seria igualment del teu agrado proseguir á redactar esta tercera com las altres. Me ha mogut tambe á ferho lo voler imitar en alguna cosa als Senyors de la secta liberál. Es lo cas que he vist, que los mes eminents homens de aquella confraria (no santa) han donát tambe algunas de sas liberals produccions en vers, com que molts per aqui han fet sa fortuna, entre ells lo impiisim Quintana. Lo Jansenista Villanueva cap á sas vellesas veig que se ha donát tambe á la poesía, y en fin lo heretjas Llorente, si no ha donát res ara á llum á favor de la secta ab estil poètich (lo que ignoro), sé n' obstant, que ab ell comensá á pendrer lo gust liberal, tenint una gran afició á las comédias, que freqüentava sovint, encaraque Ecclesiástich, y fins se ocupava en la composició de algunas, en mitg de sas taréas no menos que de Vicari General que era de Calahorra, y entre ellas compongué una que titula: El disgusto del Matrimonio. Segurament se li debia haber ja olvidát, quant pretenia ara fer casar fins los Eclesiástichs, lo que creuré hauria ja fet ell, alomenos á carta de gracia. Encaraque jo com á Catolich, Apostólich, Romá que so, no per la constitució, sino per la gracia de Deu y merits de nostre Senyor Jesu Christ, no pretench, ni vull ni puch tenir res de liberal; ab tot, com en estas cosas de erudició podém imitar fins als gentils; y la poesía, que uns emplean en la desonestedát ó impietát, se pot molt be fer servir á favor de la Religió, y per desenganyar als ignorants seduits ó embaucáts per eixa cusma de embustéros; no m' sembla fora del cas imitar en aixó á aquells grans talentassos mal aprofitáts; á fi de que hi haja de tot entre los que pensám cristiana y realistament. Desitjaria n' obstant, que aixis com jo me entretinch á escoltar, recullir, y redactar las sensillas conversas del Albert y Pasqual ab una grossera, pero clara poesía, acomodada á la capacitát dels menos instruits; altres de talents y llums (no pas novas, que son mols foscas) fessen escrits mes elevats proporcionats als savis, á fi de consolidar la Santa Religió y la Monarquia, refutant, ó per millor dir publicant las innumerables mentidas ab que se ha intentát enganyar la nació (encaraque gracias á Deu no n' hajan pogut eixir) en estos tres anys *infelissos de tirania, tant en Diaris, com en altres follétos de la secta.* Del enemigo el consejo. *Ells han fet la guerra principalment ab papers: estas son las armas dels impios per desmoralisar y descatolisar: ab ells per espay de cinquanta anys disposaren la nació Francesa á la revolució, y per aixó tinguéren tants sequaces: en la nostra demasiadament ne han fet ab tres anys: imitemlos en aixo tambe: escrigan aquells á qui Deu ha donát los coneixements per ferho, y no dubtin que Deu benehirá sos treballs. Esta es la paga que jo espero per lo menos, y de tu, amát Lector, que ten aprofitis si alguna cosa trobas que fassa per tu, tant en las altres dos conversas, com en esta tercera que tingueren Albert y Pasqual, quant est per casualitat trobá á aquell ja fet oficial del exército de la Fé, la qual poch mes ó menos es del tenor seguent.*

TERCERA CONVERSA

ENTRE

ALBERT Y PASQUAL.

Pasqual.

Albert, Albert, ¿ahont vas?
¿Com pesta vas tant corrent,
Que semblá que t' porti l' vent,
Sens girarte may atrás?
Cert no t' coneixia pas?
Quant t' he vist ab eix vestit;
Mes, com si algú m' hagués dit,
Es Albert aquell que passa,
T' he corregut á la cassa,
Fins á tant que m' has ohit.

Albert.

¡Oh mon estimát Pasqual!
Perdona que no t' sentia,
Y es que un hom de nit y dia
No pensa que ab lo timbal.
Ja veus som oficial,
Encaraque un xich tabóll;
Mes ja t' dich, que hi poso l' coll,
Quant trobém aquells Dimonis,
Com que han dit molts testimonis,
Que quant fas foch, semblo un foll.
 Tot seguit que t' vas deixar
En la conversa passada,
Vas anar á fer bugada,
Vull dir, que m' vas confessar:
Després me vas allistar
Al exêrcit de la Fé,
Y crégas m' ha anát tant bé,
Seguint tots los teus consells,
Que sempre que topo ab ells,
Ne fas cróixer un brau xafé.
 La por no l' he coneguda
Des que las armas prenguí;
Mes ja ho conech, aixó sí,
Que nostre Senyor m' ajuda:

Quant los dono una batuda
Als Dimonis encarnáts,
Acabat, dich als Soldáts,
Donéu las gracias á Deu,
Perque quant hi tornaréu,
Siau per ell ajudáts.

Pasq. ¡Ay Albert! Si tots ho féssem
D' esta manera en la guerra,
Dins poch temps sobre la terra
No creh qu' enemichs vejéssem:
Si la confiansa tinguéssem
Ab Deu, com los Macabéus,
Sent tant grans enemichs seus
Los impios Liberals,
Com Sant Miquel sos rivals,
Posaríam sota peus.
Ell es cert que l' Deu mateix
Que l' poble Hebreu adoraba,
Y l' mateix que l' ajudaba,
Es ara l' que se serveix:
Qui l' seu culto destrueix,
En res se diferencía
Dels enemichs que tenía
En son temps lo poble Hebréu;
¿Pot ser donchs que deixi Deu
D' ajudar al qui hi confía?

Llegeix la Santa Escriptura,
Y molts passos trobarás,
En que pintada veurás
De nostre temps la figura:
Allí veurás la tortura,
En qué'ls impios posavan
Als qui fiels adoravan
Al gran Deu de cel y terra,
Y d' altres que fent la guerra
Dels impios triunfavan.
   En los primers Deu volía
Fernos veurer la constancia,
Qu'ell derrama ab abundancia
En lo cor del qui hi confia:
Als altres que sostenía
En los combats fortament,
Se veya visiblement,
Com diu Judas Macabeu,
Que li es igual á Deu
Guanyá ab molta ó poca gent.
   No hi dubtis donchs que si ho fas
Com aquells en las batallas,
Eixos liberals canallas
A la fi destruhirás:
Als soldats exhortarás
Ans d' entrar en acció,
Minyons, la Religió

Y lley de Deu defensém,
Y per lo tant esperém
Sa santa protecció.

   L' exemple tens ben patent
En aquell Trapense llech,
A qui s' deu, segons jo crech,
En gran part nostre alsament:
Pues còm diu tota la gent
Que l' ha seguit y coneix,
Res l' espanta, y embesteix
L' enemich sempre l' primer,
Y may l' han fet presoner,
Ni cap bala lo fereix.

   Un Sant Christo y un fuét,
Per armas, diu, que portava,
Ab que Deu manifestava
La virtut del seu bras dret:
Nos ho confirma un sol fet,
Que á tot lo mon pasmará,
Los forts d' Urgell assaltá
Al devant de tots pujant,
Y al mitg d'un foch qu' era espant,
Ell á tots los espantá.

   ¿De aqueix fet que s' va seguir?
Que molts antes si callavan,
Era perque no gosavan,
Lo jou se van sacudir,

Perque contáren tenir
Retirada en tota urgencia,
Que allí s' dava providencia
Per armas y municions;
Y en fin baix de sos canons
Allí s' formá una Regencia.

Alb. Trencant tas rahons, Pasqual,
Un dia anant discorrent
Sobre est home tant valent,
Jo pensava, aixó es de dalt:
¿Qui ha vist may qu'un General
Assalti una fortalésa?
Qu'el te 'l mérit de la présa,
Aixó ja ho sé: mes las balas
Que van sobre las escalas,
No las toma, ni suspésa.

Pasq. Encara te diré mes;
Que sería un' imprudencia,
Perque un Gefe sa existencia,
Deu guardar per los demés:
Y si ell mateix hi anés,
Quant l' enemich lo vería,
¿Contra de qui tiraría,
Sino contra l' General?
Ben segur que l' salt mortal

Primer que'ls altres faria,
Alb. Vaya donques aqui s' veu
Lo que jo t' volia dir,
Que sols de Deu pot venir,
Lo que aqueix Trapense feu:
Ell anava á tot arreu
Ab habits, que may los deixa,
Ab la catxassa mateixa
Pren l' escala, y als forts puja,
Y entremitg d' una gran pluja
De balas, de res se quéixa.
 Pots pensar que contra ell van
Los tiros directament,
Tenintlo tant prop, y essent
Lo odi contra d' ell tant gran:
L' una per ser Comandant,
Y l' altra, que s' la pitjor,
Per ser un dels que son cor
Abomina, y persegueixen,
Perque fiels obeheixen
A Deu y al Rey son Senyor.

 Pasq. Pues, Albert, en ell se veu
Lo que t' anava diyent,
Perque s' veya clarament
Qu' era un altre Macabeu:
Ell no deixava la Creu

Del hàbit y penitencia;
Ell en tota esta pendencia
No hi te mes ambició,
Que salvar la Religió,
Y tornár à Obediencia.
 Deuria aixó sol bastar
Per sos enemichs confóndrer,
¿Podrán ells igual respondrer
Dels qui tenen per manar?
Un sol entr'ells vull citar;
¿Li podrá ser comparable
Aqueix Milans execrable,
Un blasfemo, un jugador,
Un........ me fa callá l' pudor,
Un fill brutál del Diable?
 No hi dubtis pues, Deu volía
Ab eix fet manifestarnos,
Que en efecte vol salvarnos
D' eixa xusma tant impía:
Pues que qualsevol veuría,
Com aqui se verifica
Lo que Sant Pau nos explica
En la Epístola als Románs,
Que Deu per batrer los grans
Se val d' una cosa xica.
 Los Frares, com sab tothom,
Son als ulls d' eixos sectaris

Uns ximples, uns perdularis,
Que ni n' poden sentí l' nom:
Pues sens casi saber com,
Un dels Frares mes petíts,
Un dels menos instruhíts,
Un llech, y llech de la Trápa,
Fou qui rendí la gent guápa
Dalt d' uns forts, no mes que á crits.

 Mes ara, Albert, ja que ho veus
Tu mateix tot lo que pássa,
¿Que tal? ¿Que m' dius d' eixa rássa
D' obstinats mes qu' ls Jueus?
Digasme ara donchs si creus,
Lo que t' vas dir temps passát?
¿Has vist si m' he equivocat
Dels mals que' ns amenassavan?
¿Has vist com nos engañavan
Baix d' aquell nom colorát?

 Alb. ¡Ay Pasqual, poch me diguéres
La mitát de tots los mals,
Dels que son tant liberals,
N' obstant que ja' ls coneguéres:
En globo prou los vejéres;
Mes hi ha tanta diferencia
Del dirho á la experiencia,
Que sino que ho he tocát,

Diria es exâgerát
Al que 'men' fes evidencia.

Déyan un tirá cruel
Altre temps á Bonaparte;
Si no temés espantarte,
Te diría fou pa y mel:
Jo estich per dir que Lusbél
En persona no faría
Mes mal qu' eixa gent impía;
¡Jesus! y quant sanguinaris (a)
Son tots aqueixos sectaris!
Sa lley es la tiranía.

Ells matan, roban, saquejan,
Tant als qui guerra los fan,
Com als qui quiets s' están,
Y ab ningun partit pledejan:
Es tant lo que se saborejan
En derramar sanch humána,
Que fins alló que demana
La pietat natural,
Com un ferit ó malalt,
Matan ab furia inhumána.

Ja no parlo dels rendíts,
O dels presoners que fan;
D' estos pobres al instant
Sempre n' han passat los dits:
Y ni tampoch son ohíts,

Si demanan confessarse,
Y molts ni lo disposarse
Poden ab contrició,
Perque' ls matan de traydó,
Quant pensan poder salvarse.
¿Que t' diré de sos decrets
Ab que' ls Pobles amenassan,
Si quant Realistas passan,
No'ls fan foch, y están quiéts?
Vejas ¿que' i farán pobréts
Sens la forsa que no ténen?
¿Com resistirán si' ls vénen
A demanar aliments,
Quant ells, que son tant valents,
Fugen, y se' n desenténen?

Pasq. ¿Veus ara la llibertat
Que tant nos cacarejavan?
¿Veus alló que'ns predicavan
Del despotisme acabát?
¿No veus tambe en que ha parát
La veu del poble dit Rey?
Li fan tragar sens remey
La fatal constitució,
Y tant si la vol com no,
La forsa val per la lley.
Per salvar son despotisme,

Nos diuhen alucináts,
Que'l Clero nos te enganyats,
Predicant lo *fanatisme:*
¿Donchs perque'l liberalisme,
Que' os fa tant independents,
No fá millors arguments
Pera desalucinarnos?
¿Com es, que en lloch de agradarnos,
Estiguém mes mal contents?
　Si l' Clero 'ns alucinava,
¿Quant temps ha que l' fan callar,
No deixant d' ell predicar,
Sino al qui l' pecat alaba?
¿Com donchs pues no progressava
Molt mes eixa independencia?
No es pas que per diligencia
S' hajan perdut, pues qu' ls bons
Per dir sas opinions
Jamay han tingut llicencia.
　Quant al contrari los mals
Han parlát ben librement,
Y han posát en moviment
Tots los ressorts liberals:
Ells s'han fet sempre'ls vocals,
Com han volgut, del partit,
Ells no han cessát dia y nit
De buscarse partidaris;

Ells en fí á sós contraris,
O'ls han mort, o'ls han proscrit.
 Ells Frares y Capellans,
Als qui menos poden veurer,
(Volént n'obstant fernos creurer)
Que son Catolichs Romans),
Ells, dich, en sos secrets plans
Han decretát d'extingírlos,
Com que may de perseguirlos
Han cessat á tort y á dret,
Y ja casi feren net,
Matantlos, ó fent fugírlos.
 ¿Com es donchs que ab tot això
Lo Poble no'ls crégui encara?
¿Com es que'ls diga á la cara,
No vull Constitució?
Y en tal suposició,
¿Com es que'l vulgan forsar
A tenirla, y defensar?
Hont está l'independencia?
¿Ahont es l'ampla llicencia
De pensar, parlar, y obrar?
 ¿La veus la *Soberanía*
Del Poble tan decantada?
Si no fos cosa probada,
L'ignorancia escusaría:
Mes, ¿qui ha, que no sabía,

Que ab eix títol agradable
La Fransa fou miserable
Esclava de sos Tiráns?
Sabs que diuhen los refrans?
Tras la Creu está l' Diable.

Aixó s'lo mateix, fill meu,
Que á Adam y Eva passá,
Quant lo Dimoni engañá,
Dient, si del fruyt mengéu,
Iguals, ó com Deu seréu:
Lo creguéren, ne menjáren,
¿Y que tal? ¿Ja hi arribáren?
¡Ah pobres!! Ells varen ser
Los primers que un mentider
Abans qu'un coix atrapáren.

Alb. ¡Ay! Encara si sabías,
Pasqual, sas malas passádas,
Com jo que las he palpádas,
D'altre modo parlarías:
Molta part de Rectorías
Quedáren sense Rector,
Y encaraque per la por
Es que alguns se han escapát,
Gran part han assessinát,
D'un modo que fa horror.
Als Frares d'aquells Convents

Que deixáren subsistír,
Després de molt perseguír,
Y robarlos fins las dents,
De tot aixó no contents,
A molts los han embarcat,
Sens dirlos per quin pecat; (b)
D'altres que á Fransa fugían,
Sabent que allí'ls acullían,
Ab lo cuyro ho han pagat.
 No solament han matát
Molts Ministres del Señor,
Sinó tambe,.... causa horror!
Son sagrat cos han llansát:
Iglesias han aterrát,
Las imatges destruelxen,
Y en fi de mort persegueixen
Tot quant sab á Cristiá;
¿Y encara hi ha qui creurá
Que la' lley de Deu segueixen?
 Per ells no hi ha res sagrát,
Pacte, lley, ni jurament,
Y Religió majorment
Crech que per ells es pecat:
Sabs tambe que han fusillat
Lo Bisbe de Vich.... Pasqual? (c)
Si tu veyas tot lo mal
Que han fet á bens y personas,

7

Dirias que son las monas
Del enemich infernal.

Pasq. ¿Veus, Albert, si m'engañaba
Quant te deya sos intents?
¿Veus com regañan las dents,
Y ara mes que se'ls acaba?
¿Ho veus en fi á que tiraba
Sa brutal hipocresía,
Quant Religió fingía
En la constitució?
¿La veus la protecció
Que aquella li prometía?

Mira, Albert, si aixó fos nou
De veurer tals desenganys,
Podriam dir; mes ja fa anys
Que l'mon estas cosas ou:
¿Quants regnes nos deyan prou
Que vol dir *protecció*, (d)
Reforma, ilustració,
Novás llums, liberalisme,
Guerra contra l'fanatisme,
Fora superstició?

Ab aqueix vocabulari,
Que l'heretgía inventá,
Passát de tres cents anys há
Que s' fa guerra al Santuari:

Intentant tot lo contrari
D'eixas paraulas pomposas,
Fan com qui fa olorar rosas
Ab urtígas amagadas,
Que l' que vol, es dar punxadas,
Tot diyent: ay que olorosas.

No mirém sino la Fransa,
Que's cosa de nostres dias;
¿Tot cantant eixas follías,
En que va parar la dansa?
En fer terrible matansa
De Frares y Capellans,
En cremar temples y Sants;
Y en forsar á la gent pia
A abrassar l'idolatría
Com en lo temps dels Tiráns.

¿Qui pues, donchs se admirará
De lo que en España pássa?
Lo que estraño es que nos fássa
Molt mes del que s' feu allá:
Perque ningú m' negará,
Que en punt de *sisé y seté*,
(En que s'inclou tot lo be
Dels manaments de la Secta),
N'está molt y molt infecta
La part que en España té.

Mes en fi, sia com sia,

Deu ha volgút castigarnos;
Lo que conyé es esmenarnos,
Quant salvarnos principia;
Ja ho veus, sa Sabiduría
Recepta nostra bonansa
Per medi d'una aliansa
De Emperadors y de Reys,
Y'ns fa venir los remeys (e)
D' hont nos vingue l'mal, de Fransa.
  Si ara no veyém la ma
De la Divina clemencia,
No se pas nostr'indolencia
A la fi en que parará:
Qui pensa que un Soberá,
No Católich, mes prudent,
Es lo assót de aqueixa gent,
Que á Deu no vol regoneixer,
¿Deixará aquí de coneixer
La ma del Omnipotent?
  Si: tal es lo Emperador
De Russia, qui ha alsát lo crit
Contra aqueix malvat partit
De tot ordre destructor:
Son dignas de lletras d' or
Sas paraulas en Verona,
Res mon cor ambiciona, (f)
Digué, *n' obstant mon poder*,

Sino lo poder desfer
Eixa rassa Francmasona.

Dels Católichs Soberáns
De dita Santa aliansa,
Com los de Alemaña y Fransa,
No es estrany, pues son Romans:
Mes que uns homens protestants
Zelin la Religió
De la nostra nació,
Son trastorn vituperant,
Com la Russia y Prussia fan,
¿No es Deu qui mou tot aixó?

Estich cert te pasmarías,
Si las notas que enviáren,
Y eixos brutos no escoltáren, (g)
De Russia y Prussia llegías:
En ellas hi trobarías
Quant exáltan nostra España,
Ans de sembrarhi sizaña
Los enemichs de la fé,
Y com se queixan de que
A la nació s'engaña.

Un amích no pot parlar
Millor del que parlan ells;
Sols Deu tant sabis consells
Es lo qui'ls pogué dictar:
Pues que no podém dubtar

Ab la Escriptura Sagrada,
Que Deu alguna vegada
Per apartarnos del mal,
Fins de una Burra se val (h)
Del camí ral apartada.
 Mes nostres Reformadors,
Tant burros com obstinats,
Contestánt desapegats
A dits Reys y Emperadors,
Diuhen als Embaixadors
Passin prompte las fronteras:
¡Repara quins calaveras
Voler fer cara á tothom!
Mes, vaya, que m' diguin, ¿com
Sabrá l' gat de fer culléras?
 Com lo temps es arribát,
En que per ser estadistas,
Politichs y canonistas,
Ab un mes ni ha sobrat: (j)
Com ja havem verificát,
Lo que fins gent de servey
Deyan: ¡*Ah si jo fos Rey!*
Jo faria, jo diria;
Ja no es prou la bojería
Per tants locos sens remey.
 Com ara fins las Señoras
Que saben de confegir,

Los papers han de llegir,
Y tot seguit son Doctoras:
Com fins entre *Llansadoras*,
Paletas y Vetlladors,
Trobarás uns Dictadors,
Havent llegit lo Diari;
No es á molt qu' un perdulári
Desafihi Emperadors.

Com ara lo adagi cert,
Que no s' aprén la doctrina
Parlant ab la Catarina,
Que era fals han descubert:
Com lo bon Deu ha sufert,
Que fins se digués en tróna,
Que lo teatro es la bona
Escola de la virtút,
Per xó *Sanchos* hem tingut, (i)
Y *Quixotes* en persóna.

Lo que mes, Albert, m' admira,
En tal trastorn de cervells,
Que fins se tróbin entre'ells
Uns *Melatos de Palmira*: (k)
Aqui s' veu com Deu retira
Dels cors superbos la gracia,
Quant la sua pertinacia
Ha passát á ser costum,
Y ab un gran *globo de llum*

Se cegan per sa desgrácia.

Alb. Ja t' entench; no parlis mes:
Ja se qui vols dir, Pasqual:
¡Quina ceguera! ¡Oh y tal!
Sembla que l' mon va al revés:
Que aquells que no sabém res,
Hajám estat babiécas
De creurer tals palatrécas,
Vétho allá: mes ¿que fins
Se fássan los seus padrins
Uns que fan Bibliotecas....?

Pasq. Ah, ah, ah ¿que has dit, Albert?
Has dit tota una sentencia:
Si; tres son de una gran ciéncia,
Que han tingut lo cap molt vert:
Y que d' escrits han omplert,
Plens d' errors, y d' heretgias,
Las liberals llibrerías:
L' un d' ells es aquell Llorénte, (1)
Que ja morí, y de repénte,
Y 'ls altres ja tenen dias.
Estos dos tenen la manya
De saber seguir lo vent,
Si be qu' en ram different,
Segons com bufa en Espanya:

L'un quant Bonaparte guaña
Abandona lo seu Rey, (m)
L' altre s' fa de tota lley, (n)
Catolich, ó Protestant.
Es dir, se va acomodant
A lo que li fa servey.
   Aquest ultim personátge,
Que lliga lo *si* y lo *no*,
Prengué la comissió,
De á Roma anar per missatge
De las corts; mes en viatge,
Lo Papa, qui ha condemnát
Sos escrits, li ha intimát
Que s' detinga en sa carréra,
Que no l' vol; y ell torna arrera
Com un gos bastonejat.
   En fi tots dos incansables
En escriurer á tots vents,
Han envilit sos talents,
De grans danys fentse culpables:
Ja t' dich jo, pobres diables
Que'ls espera galánt sort!
No sé com dormen tant fort
Tant cerca del precipici,
Pues qu'ells han de fer judici
Que no'ls va molt lluny la mort.
   Mes ja veitg que cap profit

De cansarme'n tiraría,
L'un d'ells encara m' diría,
Si no leen, com ja ha dit: (o)
Deixemnos d'un qu' ha llegit
Llibres dolents per ser sávi,
Que tindrá per un agravi,
Si li diuhen no va be;
Mes en la mort, ¿ sabs també
Com s' explica? *Ergo erravi.*

Con que vaya, al cas tornant,
Ja veus com lo gran Congrés
Dels Soberans, molt ofés,
Executa lo seu plan:
Ja veus com van enviant
La vanguardia, qu'es la Fransa.
Y crech ab la asseguransa
Que ja s' prou; pues sos soldats,
Per Angulema manats,
Son de tota confiansa.

Cent mil Soldats solament
Lo Rey decretá venir;
¡Quants mils mes no'n van eixir
En altre temps different!
Mes, ja ho veus, ara corrent
Se fican per regne'n dins,
¿Donchs com es? ¿ En sos camins
Que no troban embarassos?

¿Ni'l *poble* deté sos passos
Perque no logrin sos fins?

Alb. ¡Ay Pasqual...! Va, no ho creurias,
Per tot ab brassos estesos
Esperan á los francésos,
Com si fossen los Messias:
La gent com corre veurias
Per rebre'ls ab professó,
Viva la Religió,
Y viva lo Rey cridant,
Y la pedra esmenucant
De la constitució.
 Per tot sembla que ha arribát
La redempció esperáda,
Y comptan ja recobráda
La perduda llibertát:
Casi per tot han cantát
Te Deum de tot bon cor,
Donant gracias al Senyor,
Y en molts llochs professons fan,
Imatges y Sans tornant
A sos llochs ab esplendor.
 Ne vulgas per tot Espanya,
Per hont ells passan, de festas:
Ab lluminarias y orquestas
Tot lo poble'ls acompanya;

May s' es vist una campanya
Com aquesta, diuhen ells,
Sino que portém fusclls,
Podriam dir, que mil voltas
Val mes qu'unas carnestoltas,
O que festas dels temps vells.
    Los defensors del partit
Liberal, ó diabolich
Han tingut un dolor cólich
Casi per tot, y han fugit:
Si algun de mes atrevit
Ha volgut fer resistencia,
Li han fet pagar l' insolencia,
Deixantlo al camp estirát
O l' han prés, y han enviat
A Fransa á fer penitencia.
    Pots creurer que si no fós
Que'ls valen las fortalésas,
Totas las suas proésas
Temps ha s' haurían conclós:
Y si tenen algun cós
De tropas, molts dels Soldáts
O son forsats, ó enganyáts,
Perque'ls diuhen mil mentidas,
Y perque quant fan eixidas,
Los deixan fer atentáts.
    Dels milicianos prou

Se'n podrian refiar,
Sino fos que han de comptar,
Que molt pochs valen un sou:
Quant los féren vestít nou,
Y ningu los feya frénta,
Ja no has vist gent mes valenta
Contra'ls servíls desarmats;
Mes ara en guerra posáts,
Ja no has vist gent mes pudenta.

Es lo cas, que ara vol dir
Alló de la cinta vérda,
Constipacion, ó mérda,
Y per conseguent fugir:
Molts, fins saben confegir
Aquell mots de cul-arreras,
Abandonant sas banderas,
Y á sas casas sen tornánt;
Mes no sé com salvarán
Aquellas lletras priméras.

Pasq. No pas los de Barcelona,
Albert, que allá un Matemátich
De gran crit, y Catedratich,
Que te la veu de Minyóna,
Los predicá en una tróna,
(De la Seu, ó de Sant Miquel)
Qu'un Miliciano fiel,

Que mória al camp del honor,
Mes que'ls Martirs del Senyor
Se guanya y mereix lo Cel.
 Mes ¿veus en lo que han parát
Totas las fanfarronádas
D'eixos Señors Camarádas
De l'impía llibertát?
Aixis que s'es presentát
L' exércit sol de la Fransa,
S'es vist quina confiansa
Tant bona tenir podian,
Quant tant altius envestían
Tota la Santa Aliansa.
 Ja en los papers he llegít
Lo que passa en tota Espanya;
Per mi no es cap cosa estranya,
Tant n'era persuadít:
¿No t' vas dir ja l'esperit
De tota la Nació
Envers Constitititució
En la conversa passada?
No t' vas dir qu'era estimada
Tant sols de la facció?
 Quant vosaltres solament
Los comensareu la guerra,
Ja vas dir, aixó está á terra,
Perque s' veu no ho vol la gent

Y hauríau segurament
Triumfat: mes fou lo mal,
Que vos faltaba caudal,
Armas, y municions,
Y aixó no son pas rahons,
Pues mira lo Portugal.

Alb. Y parlant de tot, Pasqual,
¿Que n' farém d' aqueixa gent?
¿No s' fará cap escarment,
Sino perdó general?
¿Donchs per mes qu' hajan fét mal
Mentras demanin clemencia,
Se'ls fará tota indulgencia,
Y de lo passát, passat?
Es dir donchs qu'el qu' han robát,
Es perdut, y paciencia?
Amiguét, si aixis ho fem,
Ja t'dich jo que no aném bons;
Vivan las revolucions,
Dirán, si així escapém:
Si tant barato paguém
Lo que als lladres costa car,
Si ningu'ns pot molestar
De tant temps de fer la túna,
Qualsevol per fer fortúna
S'en vaja á passar lo mar,

¿Y tantas morts com han fet,
Y las que se sab que fan
Encara per tot hont van,
O la forsa 'ls ho permét?
Y tambe aixó d'haber tret
Lo Rey del trono, forsantlo
A deixar Madrit, portantlo
Fins á Cádiz presoner?
Y en fin com un Sabater
Desde 'l principi tractantlo?
¿Y sobre tot las maldats
Contra la Religió....
Tanta profanació
Com han fet eixos malváts....
Robos de vasos sagráts....
Iglesias arruinadas....
Sagradas formas llansádas....
Matansa d' Ecclesiastichs....
Per res d'aixó hi haurá castichs?
Sino totas perdonádas¿
¡Viva dell si jo pugués!
Ja t' dich que la pagarían:
Poch de mort escaparían
De las quatre parts las tres:
Y l' qu' han robát, y malmés,
De sa cónna ben pelada,
Ben prempsada y reprempsada,

Ne faría las tirétas,
Fins que l' estira-cordétas,
La deixás ben estirada.

Pasq. ¡Ola, Albert, que estás fogós!
Aygua d' ordi, piano, piano;
¡Pobre del Miliciano,
Si en tas mans lo castich fos!
Poch li deixarías os
Senser en la séva corpénta;
Prou tindria ben calénta
La pell, quant tu l' deixarías;
Ja veitg que tu passarías
La bugada molt bullenta.

Alb. Vaya, dígasme, si t' plau,
¿Si sens roncarte'ls budells
Podrás mirarte com ells
Se quedan ab tota pau?
¿Si despres de tant saráu,
Com contra tu sol moguéren,
Faltant poch com no t' prenguéren,
Sufrirás ab paciencia,
Que no s' fassa cap sentencia
Contra aquells que mal te féren?
Y encara ¿qu'es tot aixó,
Respecte de tot lo demés?

8

Ja se ve, casi no res,
Ab tot tindrías rahó:
¿Donchs tota una nació
Mes de tres anys oprimida,
Y que ha vist llevar la vida
Als seus millors ciutadáns,
Sufrirá quédin ufans
Los qui tant l' han afligida?
　Si aixó fossen dos partits
Dintre de la nació,
Podria passar; mes no,
No son que quatre bandits:
Que si foren atrevits
Per fernos esta passáda,
Fou perque la forsa armáda
Perjúra se declará,
No pas tota, mes bastá
La que tenían compráda.
　¿Qui vols donchs puga sufrír,
Que almenos los capitossos
Consérvin enters los óssos,
Quant ells tants n'han fet cruixir?
¿Que vols mes? ¿No has ohít dir,
Que fins llistas s'han trobát
En algun lloch amagát
De morts, y proscripcions,
Qu'eixos brutals Francmasons

Havian ja decretat?
 Pasq. Mira, Albert, ¿quin dubte hi ha,
Que si tot lo mal que han fet,
Debia ser satisfét,
Cap castich hi bastará?
Perque ¿ com se refará
Lo sol dany irreparable,
Que han fet á tant miserable
Seduhit per la mentida,
Que ha perdút per ells la vida
Per anarsen al Diable?
 Es tambe lo delicte seu,
Lo de lesa Magestát,
Qual tenen per duplicát,
Contra l' Rey, y contra Deu:
Ja se ve, per tot arréu,
Adhuc entre los pagáns,
Qui comét crímens tant grans
Mereix la pena de mort,
Per conseguent igual sort
Li toca entre Christiáns.
 Aixis mateix si parlém
Del saquejar y matar,
Quin castich hi cal donar
En totas las lleys trobém;
Pero vaya, ¿ que n' farém
De totas estas rahons?

Procurém que s' tornin bons
Fent que á Deu se convertéscan,
É impedím que seguéscan
Tant malas opinions.

Alb. ¡Ay, ay, ay! ¡bona l'hem feta,
Si pensém aixis, Pasqual!
Los lladres de camí ral
Dirán, nosaltres l'hem treta:
Si la justicia decreta
La sentencia de penjar,
Ells se podrán apelár,
Que aixó son *opinions*,
Que en avant ja serán bons,
Y aixis que'ls deixin anar.
   Y en seguit, de repotencia,
Las presons havent obert,
Sen anirán al Desert
A fer aspre peniténcia:
¡Ben pensát! Vinga cleméncia,
Misericordia, y perdó,
Y aixís qualsevol brivó
Del castich escapará,
Y á ser Sant arribará,
Sols li fássan un sermó.
   Mes, ¿ no veus quin disbarat
De tas rahons se segueix?

Si qui grans castichs mereix
Del tot queda perdonát,
Si li val aqueix *sagrát*
D'*opinións*, ó carabássas,
¿Be caldrá que l'mateix fássas
Ab los qui menos farán?
Y aixis ja t' dich que serán
Las sentencias ben escássas.

 Mes despres si vols estar
Ben segur dintre de casa,
Cal que t' compris una espása,
Y á tot'hora pelear:
Perque qui t' voldrá robar,
O matarte per malícia,
Com sabrá que la justicia
No li fará mes qu'un sermó,
Seguirá l' *opinió*
Del odi, ó de la codícia.

 ¡Quin carám d' *opinions*
Robar, matar, y heretgías!
Al Rey fer mil picardías,
Y perseguir tots los bons!
Pues las mateixas rahons,
Qu'ells emplean per provar
Lo seu modo de pensar
Contra'ls qui ne tenen d'altras,
Deuríam tambe nosaltres

Contra d'ells las emplear.
  Jo sempre he sentit á dir,
Qu'una opinió s'entén
D una cosa indifferent
Que cap mal no s' deu seguir:
Mes, ¿Iglesia perseguir,
Y al qui no hi ve be, robarlo,
Desterrarlo, assessinarlo,
Es *opinió* vuy dia?
Donques, amiguét, la mia
Es tambe: Qui ho fa, penjarlo.
  Ja m' han dit, que aixis escapan
Per tot eixos Francmasóns,
Ab capa d' *opinions*
Politicas, si'ls atrápan:
¡No sé entendrer com los tapan
Los ulls á las potestáts!
Ells fan mil atrocitáts
Mentras poden, y quant cáuhen,
A tot extrém sempre tráuhen
No pugan ser molestáts.
  ¿No fou aixís que escapáren,
Quant de Fransa l' Rey torná?
Tinch entés que'ls perdoná,
Perque aixís li aconselláren:
¿Y no veus com li pagáren,
Tornanti altra vegáda?

¿Pues no sábs diu la maynáda
La primera l' Rey perdona,
La segona, catxamóna?
Amiguét, donchs, bastonáda.

Jo t' toch! ¡quins son los teus plans!
Ja veitg que tens la manía,
Com la (que jo no voldría)
Dels Frares y Capellans:
Que may callan: som germans,
Que'ns cal haber caritát,
Que'ns cal tenir pietát
Fins de nostres enemichs,
Abrassantlos com amichs,
Per mes que'ns hajan surrát.

¡Bons germans á fe de neu!
¡Uns que arruhínan la terra,
Y que fan sangrienta guerra
Fins contra lo mateix Deu!
¿Donchs aixis fins lo Jueu,
O lo Moro, quant nos fa
La guerra, tambe's germá?
Amiguét, per mes que ruch,
Tal rahó tragar no puch,
Ab tot, que so Christiá.

Jo m'recordo, que l' Rector
Del meu poble'ns deya un dia,
Del modo que s' entenía

Lo que'ns diu lo Salvador!
Que havem de tenir amor,
Y mirar com á germans,
Fins als enemichs mes grans;
Aixó s' entén, nos digué,
Quant un'hom un proxîm té,
Qu'hom no hi corre com abans.
 Ara'ls enemichs comuns
De la patria, Rey, y Deu,
No vol dir que'ls perdonéu,
Digué, que no son tots uns:
Aquestos ja son uns punts,
Que tot'hom deu defensar,
Y aixis fer guerra y matar
A sos enemichs, com feya
Lo Rey David, com que'ns deya,
Qu'era lo seu esmorsar.

 Pasq. Mira, Albert, ja tens rahó,
Parlant absolutament;
Mes cal fer lo pensament,
Som tots d' una nació:
Si demanan lo perdó,
Lo partit abandonant,
Prometent s' esmenarán,
¿Que'ls farás? ¿Be'ls has de creurer?
Y aqui mateix podrán veurer;

Que no fem pas com ells fan.
　Aquí veurá tot lo mon,
Hont está l' humanitat,
La que'lls tant han predicat,
Quant tant sanguinaris son:
Se veurá com los confon
Nostre Clero, que predíca
La pau, y perdó suplíca
Per uns que l' han perseguít,
Desterrát, mort, destruhít,
Y ab quin modo se vindíca.

　Alb. ¿Som tots d' una nació?
Ja ho dius tu; de tot hi ha:
Pero vaya, ¿y que li fa?
¿Per xó hi ha d'haver perdó?
Al contrari, diré jo,
Castichs forts, y á no tardar.
Quant lo cos no s' pót curar
Perque un bras se li cangrena,
Lo cirurgía que ordena?
Sabs que? Zárra, es dir, tallar.
　¡Ah, Pasqual! ¡Si tu sabías,
Com jo, qui son esta gent!
De son arrepentiment
Estich cert no t' fiarias:
O sino, escolta, ¿creurías

Que alguns que s' han presentát,
Y á casa se n' han tornát,
Sens que se'ls haja fet res,
S' han tornát alsar després
Contra qui'ls ha perdonát?
¿Creurías qu' ha succehít
D' arribarnos á insultar,
Y lo *Trágala* cridar
Ab son tó desvergoñít?
No t' cansis, son esperít
Es obstinát, de manera,
Que jamay tornará arrérra,
Per mes que s' vejan perduts:
Los veurás fins colltorsúts:
Mes Pere tant s' es, com s' éra.
 Abandonan lo partit,
Y s' presentan, dius; ¿mes que?
¿Fins á tan que'ls vindrá be?
O ¿ho han de fér tot seguít?
Si l' perdó may es finít,
Cada qual esperará
A fer tant mal com podrá;
Y aixis ve t' aquí l' vocable,
Que solen dir, que l' Diable
Quant es vell, se fa hermitá.
 En ordre á la diferencia,
De la sua *humanitát*

Ab la nostra caritát,
¿No es prou nostra paciencia?
Jo no vull pas fer sentencia
Contra d' ells, com ells ho fan,
A son gust assessinant
Sens procés, y per malicia;
Jo l' que demano es justicia
Ab la lley sempre al devant.

Jo no vull pas fer com ells,
Tenir tots dret de matar,
O á la *Vinuéssa* donar
A qui'ls plau colps de martells:
Ni tampoch vull tants Consells,
Tants Jutges, tants Tribunals,
Pues que poden dirse tals
Eixas Juntas patrióticas,
Ab sas facultats despóticas;
Jo l' que vull, castichs legals.

Altrament, Pasqual, te dich,
Que si aixís los perdoném,
Dins de casa guardarém.
Nostre mes gran enemich:
Y en descuydarnos un xich
Tornarém á ser de dansa,
Perque esta gent may se cansa,
Com un Francés, l' altre dia,
Me deya que succehía

Fins ara mateix en Fransa.
 Y alesoras ja pots dir,
Qu'ells aixis nos tractarían;
¿Sabs que? Qu'ens degollarían
Sens darnos temps d' escupir;
¡Com farían parterir
Nostre digne General,
Lo tant valent com leal
En tot temps y ocasió,
D' Eroles l' amát Baró,
Que sempre ha estat son rival!
 ¿Y que tal als Targaronas,
Missas, y Mossen Anton,
Que sorolláren lo mon
Ab altras bonas personas?
¡Quinas juguinas tant bonas
Farían al Romagósa?
¿Y que tal tambe la cosa
Al pobre Xambó aniria,
Que'ls feu veurer, quant volia
La Constitució Tortosa?
 Y qual sería la sort
Del fill d' aquell gran Mirálles,
Quells ab vívas, y rialles
Celebráren d' haver mort?
¡Ah! ¡ditxós ell que en lo port
Segur del Cel ja descansa!

Mes ¿no veus quina venjansa
Degollarlo ja rendít,
Y aixó quant ja son partít
Tenia contra la Fransa?
　No t' cansis: no anirém bons,
Si tots eixos partidaris,
Que son tant grans sanguinaris,
Y que son tots Francmasons,
Se quedan ab sos galons,
Bens, y vidas, perdonáts:
Ells en sas Lógias tancáts,
Per la paga del perdó,
Farán sa revolució,
Quant estarém descuydáts.
　O sino digas, Pasqual,
¿Que tal los Bonapartístas?
¿Los trobas tu Realistas,
O del partít liberal?
Y n' obstant, digas, ¿quin mal
Los havia fet lo Rey,
Quant podia segons lley
Condemnarlos á morir?
Mira, en lloch de li agrahir
Li han fet est flach servey.

Pasq. ¡Be ho se prou! ¿Quin dubte hi ha
Que son del partít contrari?

¿No veus que tot partidari
D' aquell monstruo, d' ells será?
¿Que no sabs lo que passá,
Quant aqueixa facció
Feu la Constitució,
(Fortuna que'ls destorbáren)
Que al Rey *Botella* enviáren
Una diputació? (p)

Com lo principal, que vol
Esta gent, es fora fé,
Se subjectará molt be
Al qui ho fássia, qualsevol
Que sia, per mes que sol;
Bonaparte, com se sab,
Aixó portava de cap,
Tot fingint que l' exaltáva;
Mes tots sabém que'n portava
Una al sac, y un altra al pap.

Per lo tant, per mes qu'han dit,
Que no volen *despotisme*,
Ni tirans, ni servilisme,
Veurías com lo partit,
Content viuria, y rendit
Al mes gran tirá del mon,
Per mes que fos un Neron,
Ab tal que pugués comptar
Ab ell per la fé acabar,

Com feya Napoleon.
 Ara aquí mateix veurías
Que si Fernando s' girés,
Y (Deu l' en enguart) abrassés
Las opinions impías,
Per tant que fés tiranías,
Crueltats, vexacions,
Totas aquellas rahons
Contra l' poder arbitrari,
Provarían lo contrari
Ab grans adulacions. (q)
 Mes, en fin, déixat, Albert;
Tot aqueix gran Fantasmon,
Que tant ha engañát lo mon,
Ara ja s' es descubért;
Per tot ja la fama pert
Aqueix nom de *Llibertát*,
Perque prou nos ha enseñát
La fatal experiencia,
Que ab tres anys d' eixa llicencia
Nos han ben llicenciát.
 Per lo tant aixó's finít
De tornarhi, com tens por,
Perque tothom tindrá horror
Als qui la secta han seguít:
Solament l' arrepentít,
Ab provas claras y nétas

De las suas malifétas,
Tornará á las amistáts,
Los altres serán miráts
Com en Mallorca'ls Xuétas.
 Per altra part, pots comptar
Dél Gobern la vigiláncia,
Pues res de tanta importancia
Com aixó no s' pot donar:
Cap empleo, ni hi pensar
Que'ls donia, ni cap de sou,
No fessen *del sou al Bou,*
Del bou al pecát passat;
Diuhen que gat escamnát
Ab aygua tébia n' te prou.

 Alb. ¡Ah Pasqual! ¡Quets bon minyó!
Y certament no ho creuría,
Quant no t' falta picardía
Per coneixer tot aixó:
¿No sabs tu millor que jó,
Lo que poden las intrígas,
Los empeños, las amígas?
¿Y no sabs que'ls Francmasons
Per tot fican los talons,
Lo mateix que las formigas?
 ¿No sabs que per vigilant
Estiga sempre l' Gobern,

Ells hi saben ficá un pern , (r)
Per ficari lo restant ?
No sabs que , sil's convé, fan
Fins l' ofici de devót,
O qualsevol paperót,
A fi d' eixir ab la sua ,
Y que may falta á la cua
Un Diable d' arcabót ?

Pasq. Massa es cert : aixis ho feren
Despres la guerra passada ,
Per fernos la pasterada ,
Que al cap de sis anys coguéren :
Com tot seguit ja vejeren,
Que per poder torná á alsarse,
Debían primer guanyarse
Generals y Oficials ,
Cuydaren d' uns tribunals,
Per poder purificarse.

Alcansát eix primer fí,
Tot seguit ells ja cuydáren,
Que'ls que als tribunals entráren,
Fossen mes bruts qu' un bací : (s)
Ve t' aquí pues com s' umplí
L' exército de Francmasons, (t)
Perque fins *Napoleóns*
Per plata fina passavan,

Majorment si estudiavan
Dins de Fransa *llibres bons*. (u)
 Mes ara no hi pensis pas,
Perque tots son coneguts,
Y per mica estígan bruts,
Sentirá qui te bon nas:
Per lo tant, si fos lo cas,
Qu' un gitano d' esta pleta,
Ficantse entre cul y cleta,
Sorprengués ab insolencia
Lo Rey, ó ara la Regencia,
Li posarían calséta.
 Ja veus quins homens triats,
Tenim ara per Regents,
No crech que mes eminents
Se trobin, ni mes fiats:
Christianament ilustrats,
J' han donat sabis decrets,
Ab los que quedan desfets
Tots los decrets criminals,
Que'ls impios liberals
Formáren molt satisfets.
 Dixa'ls fer, ja arreglarán
Lo Regne de tal manéra,
Com si l' Rey mateix hi era,
Mentres qu' ells gobernarán:
Cregas pues, qu' ells cuydarán

De saber, y d' informarse,
D' aquells que poden fiarse,
Qui son los bons Realistas,
Ni l's faltarán tampoch llistas
D' aquells que deuhen guardarse.

Alb. Ab tot, per coneixels be,
Y per un xich castigarlos,
A tots faria marcarlos,
En lo front ab una C:
Faria soldats també
(mes de fora nació)
Als qui tanta afició
A la milicia tingueren,
Que voluntaris se feren
De la Constitució.
 Als qui papers han escrit
Impíos, malváts, obcénos,
Los faria per lo menos
Lo que en Russia han fet, m' han dit:
Tot quant habia imprimít
Li feren á un menjar;
Jo'ls els faria tragar
Com ells feyan, y sabrian
Que's lo *Trágala*, y veurian,
Que fa de molt mal passar.
 Als Señors Ecclesiástichs,

Que en lloch de donarnos llum,
No'ns han donat sino fum,
Fent part d' aqueixos fantastichs,
Si que'ls daria braus castichs;
Y crech lo millor seria,
Ben tancats, fer tot lo dia
Bons llibres estudiar,
Oració, y poch menjar, (x)
Fins á tant que Deu voldria.

Pasq. Vaya, déixat d' eixas cosas,
Que tu no ets Jutje, ni jo;
Pensa que diyent aixó,
Devant del Gobern te posas:
D' altra part, son odiosas
En qualsevol las senténcias,
Y per molt que tu te pénsias
Que son justas, com tu provas,
Pensa, que tu los reprovas
Las de tos clubs, ó audiencias.

Alb. Mira, aixó no es qu' un parlar
Entre nosaltres dos sols,
D' altra manéra, ¿com vols
Que jo m' hi gozés ficar?
Ab tot, lo qu' has de pensar,
Qu' aquell d' entr'ells, qu' érra qu'érra

Atrápia durant la guérra
Ab las armas á las mans,
Si vol, que demani abans
Perdó á Deu; mes cap á terra.

Pasq. ¡Ah va! Albert, nos cal pensar,
Que á no havernos Deu tingut
De sa ma, hauríam caygut
Com ells á disbaratar:
Per lo tant los cal mirar
Ab ulls de compassió:
Molts y molts l' ocasió
En que han hagut de raurer,
Es cert que los ha fet caurer
En esta tentació.

Alb. Mira, lo mateix, Pasqual,
Penso, quant penjan un lladre,
Deu me tinga, mes, ¿Cómpadre,
Dich tambe, qui t' fa fer mal?
Pero ni esta rahó val
Ab ells, que son obstináts:
Y que fan unas maldáts,
Qu' espantan á tot lo mon,
Es molt different, quant son
Pecats de fragilitáts.

Pasq. Tens rahó, hi ha diferencia,
Mes, ¿sabs lo que succeheix?
Que la fragilitat creix,
Y se pert la conciencia:
Y com ara es la llicencia
Un ram d' ilustració,
May millor ocasió
Per los de estragáts costums,
Veyent qu' es *falta de llums*
No seguir la passió.

 Aquell pues, que l' avaricia
Era l' idol que adorava,
L' altre que l' honor privava
De darse á la impudicícia,
Aquell á qui la justicia
Sols feya por per robar,
Los altres que á se venjar
Tenian gran passió,
Volém Constitució,
Se posáren á cridar.

 Mes, poden desengañarse
Ab lo qu'ls está passant,
Que en est mon no hi estarán
Tranquils sense refrenarse:
Ell ha de verificarse
Del Salmista la senténcia,
Qu' encaraque ab insoléncia

Un quant temps l' impio pássa,
Mes, dins poch ni s' troba trássa
Del lloch de sa residéncia.
    Poden veurer, que l' bon Deu,
Qu' han arribat á insultar,
Y fins voler destronar,
Los fa fondrer com la neu:
Que la fe del Christo seu
Reynará de pol á pol,
A pesar de qui no ho vol,
Y qu' aquells qu' imitarán
Los abismes, no farán
Que tirar pedras al Sol.
    Poden veurer, se engañá
Dels Francmasons la manía,
Quant comptá l' arrancaría
D' España ab oculta má:
No. no: Christo ferm está
En est Regne piadós;
Los Llorentes y Rossós
Sizaña han pogut sembrar,
Mes, no han pogut sofocar
Lo blat, qu'era mes, y gros.
    Poden veurer igualment,
Que sense Religió
Tots, sens cap distinció,
Passariam malament:

En ella está l' fonament
De la vida social:
Lo demes es ideal;
Es voler que se sostinga
Un Vaixell, y dret se tinga
Sens aygua, y sens cap puntal.
 Poden veurer las tontadas (y)
D' eixos llibres que creguéren;
Si haguessen mirat qui 'ls feren,
Poch las haurían tragadas:
Ve t' aqui 'l no ser miradas
Sens preocupació
Las maxîmas, que t' doní jo
En la conversa primera;
La passió llaminera
May escolta la rahó.
 Poden veurer finalment,
(Y aqui 'ls desafío á tots)
¿Si troban en eixos llibrots
Un consol ara al moment?
Ells tenen lo sentiment
De veurer aixó acabarse;
¿Trobarán per confortarse
En dits llibres cordial?
No, sino un pam de punyal
Per poder desesperarse. (z)
 Al contrari, qui te fé,

Y ama la Religió,
Te en la tribulació
Un apoyo que l' susté:
Perque sab, que si convé,
Deu de aquella l' librará,
O sino s' conformará
Molt tranquíl de conciencia,
Sabent que sa paciencia
Al Cel li coronará.

 Ara, Albert, cal que entengám,
Tots, y l' Gobern majorment,
Que lo primer fonament,
Que hi ha de haver en tot ram,
Que á Deu fiels serviám;
Pues que aquella indiferéncia,
Que en cosas de conciéncia
Per política passava,
Ara s' veu que no tirava
Que á destruír la creéncia.

 Per lo tant, exâctitut
De las lleys en la observancia,
Fora, fora tolerancia,
Y premiar la virtut:
Castichs forts al dissolút
Faltát de Religió,
Tórni l' Inquisició
A perseguir l' heretgía,

Unich remey avuy dia
Per salvar la nació. (&)

Alb. ¡Ah Pasqual! ¡Quins punts que tocas!
Prou voldría, si pugués,
Llargament parlarne, mes
Ja ho veus, las horas son pocas:
De aquí poch per estas rocas,
Si puch, tornaré á venir,
Perque te desitjo ohír
Sobre aixó: ara ja es tart,
Tinch de darte el Deu te guart,
Y l' meu camí prosseguir.

Pasq. A Deu, Albert.

Alb. A Deu, Pasqual.

Deu te guardi de tot mal.

Los dos. Y als dos Deu guart de las grapas
de cap Constitucional.

NOTAS

per ilustració de alguns dels versos antecedents.

(a) Un diari de Barcelona, referint la acció, ó per dirho millor, *la passió* de Mina en la Cerdanya del 14, ó del 15 Juny de est any 1823, ahont li feren de 7 á 800 presoners, y de la que pogué ell escapar ab la obscuritat de la nit fugint á la Seu d'Urgell, deya que havia anat molt be per ells, y que havia quedat mort en la acció lo *sanguinari Targarona*, qual encara es ple de vida, gracias á la Divina Providencia. Noto aqueix fet per rahó del apodo que en sos papers donan á un dels intrepidos defensors de la fé y del Rey, y qual me figuro aplicarán á altres igualment. ¡Llastima que fins en aixo méntian! Mes aquí s' veu que lo llenguatge de la gent dolenta sempre es lo mateix. Un lladre quant assalta en un camí ral al pobre viatjant, tambe diu: *Lladre, trau los diners, sino t' mato.* Anant lo famós Valls de Vich ab sos companys negres á saquejar un Convent del qual havian tret als Religiosos, y havent estos retirát lo que habian pogut per salvarho de la sua rapiña, tambe cridavan: *Mira als lladres com sen ho han portát! ¡Lladres!* Las donas públicas al barallarse, tambe las primeras paraulas que diuhen á sa contraria son: *Bagassa, arrastrada*, p...a, &c.

(b) Fins ara las lleys humanas se limitavan en señalar castichs per los pecats externs, ó de obra: á Deu sol era reservat lo judicar dels pecats interns. Nostres reformadors, grans apostols de la llibertat, seguint en tot als revolucionaris de Fransa de 1793, de qui havian copiat *servilment* fins la constitució, los han imitat tambe en la lley de perseguir los pensaments. Aixis condemnaren la *Conversa* primera dels pobres Albert y Pasqual, en la que res hi havia, ni contra Constitució, que era lo seu gran sagrat, ni contra Gobern, sols perque era contra la impietat, y ells judicaren, (y no ho erraren) que lo Redactor no era constitucional, per la regla que constitució ó impietat vol dir lo mateix. Aixis han embarcat Comunitats enteras, han condemnat á desterro, á confiscació de bens, y á la mort á molts y molts individuos, que guardantse prou de parlar, ni poch ni molt, de lo que pensavan interiorment, atés lo gran terror que reynaba en mitg de tants Roberspierres, sols tenian lo delicte de ser mirats ab sospita de enemichs del *sagrát còdigo*, ó que alomenos no l' amavan de cor, que fins aixó se ha exigit. Entre estos tenim al Excm. Sr. Baró d' Eroles nostre molt estimat y dignissim General, que fou deportát de Barcelona á Mallorca ab alguns altres individuos de differents estats, no mes que per dit delicte de enemichs interns de la constitució. Y nosaltres en paga, ó revenja, ¿los perdonám fins los pecats de obra?

(c) ¿Y quals eran los delictes, alomenos aparents, del Ilustrissim Sr. D. Fr. Ramon Strauch per ser fusillat? ¡Ah impios! Lo Ilustríssim Strauch

Religios de Menors Observants en Mallorca havia estát en los anys 1812 y 1813, en que comensá la infernal constitució, un escriptor acérrim contra las impietats del folleto titulát la Aurora que s' publicava en dita Isla; ell havia traduít la famosa obra del Barruel en que son manifestadas algunas de las impias tramas y maniobras ocultas del Francmasonisme; y tot aixó ja li havia merescut la mes forta persecució de la part dels Sectaris fins á posarlo pres en aquell temps: pero torná nostre suspirát y estimadíssim Soberá Fernando, se dissipá la tempestat, triunfá Strauch, y fou promogut á la Sede de Vich vacant per la mort del Ilustríssim Sr. Veyán. En 1821, constant en sos principis, se resistí á admetrer la subjecció dels Regulars per no ser cismatich, sobre lo que feu una respectuosa representació al Gobern; prohibí los llibres que deuhen ser prohibíts fent fixar lo decret á las portas de las Iglesias; y per la secta ja no s' necessitavan motius mes relevants per decretar la sua mort en sos tenebrosos clubs. Gracias á la Divina Providencia que disposá aquella famosa presa dels forts de la Seu de Urgell, segurament per conservar la importantíssima vida de aquell digníssim Prelát que governa aquella Sede Don Bernat Francés Caballero, qual havia de sufrir igual sort, per haverho aixis tambe decretat la infernal secta, com se encontrá entre los papers de un dels presoners de aquells forts, y per los quals la sua inapurable caritat suplicá mes de un cop la vida fins á lograrho. Si; sens dubte hauria estat altra víctima del furor liberal, ó Francmasonich, á no haver mediat, per disposició de Deu, aquell fet, pues á no ser aixis, hauria ell igualment que lo Ilustríssim Strauch permanescut inmóbil en dita ciutat, ignorant la sua tant cándida ignocencia lo colp fatal que ocultament se li preparava. Mes, com despres de aquella presa y circunstancias que mediaren, se considerá compromés, al anar Mina per tornar á guañar dits forts, judicá y se resolgué molt prudent de retirarse á Fransa, com lo M. Iltre. Capitol, y la major part de la població de dita ciutat. ¿Y quals eran sos delictes? Ah! Lo seu ardentíssim zel per la gloria de Deu y la salvació de las animas; las virtuts eminents que l' distingeixen, fentlo amable á Deu y als homens, sent impossible que no l' amin, sino los qui tingan un cor liberal y pervers; la sua infatigable predicació contra los vicis é impietat; lo haver representat al Gobern la sua inalterable constancia en las obligacions del Episcopat; lo haver tambe formát un decret contra los llibres, figuras, ó pinturas obscenas é impías, en una paraula, lo haver estat un Bisbe verdaderament Apostólich. ¿Y quals eran tambe los delictes del Ilustríssim Señor Bisbe de Lleyda per haverlo arrancát de sa Iglesia, y portát pres á Barcelona? Los mateixos que los dels sobredits, y de la major part dels Bisbes de España, que, ó han tingut de fugir, o'ls han pres ó desterrát. Si nostres liberals reformadors no aguessen dit que volían ser *Católichs, Apostolichs, Románs*, ¿que mes haurian fet?

(d) Tots los Regnes del Nort que en el dia se troban protestants, ó cismatichs, son los primers fruits de estas enganyosas paraulas. Allí comensá aqueix nom de *reforma*, y ab ell se han cubert despres las demes heretgias é impietats. Haguessem nosaltres escarmentát despues de tants exemples, no plorariam los mals que sufrím. Haguessem sabut respondrer á nostres reformadors lo que respongué un gran home de aquell temps á Lutéro, que aquest intentava fer de la sua part: *Jo no entench*, li respongué, *vostras reformas: voleu reformar la Iglesia; y comenséu per casarvos; donaume unas altras provas, y ad las horas creuré ab vostra reforma*. Es ben publich y patent lo que fan nostres reformadors; ningu ignora la sua vida y miracles: no sols de ara, sino de abans, quant comensáren en lo any 1812 en Cádiz: haguessem pues cridát tots com aquell gran home: *Donaunos altras provas, y alesores creurém ab vostra reforma*. Nos diheu que voleu reformar la Iglesia que te demasiats bens, que la nació los necessita, y vosaltres vos ne apoderáu, no per be de la nació, sino per vostras butxacas. ¿Que tal los caixons de moneda de Mina, los mils duros del Governador que era del castell de Cardona Fernandez? De hont havian eixit, y pera que havian de servir los mils que sen portavan aquells sis grans Apostols de la secta que fugian per mar de Barcelona, y foren presos en las ayguas de Mataró, Sala, Rodon, Mazon, Roth, Raull y Comelles, que encara volian persuadir que'ls treyan per fusillarlos ó tirarlos al mar, ¿y'ls deixavan eixir ab tant diner? Prou estarian ben convinguts ab Rotten, y tindrian son plan que'l Cel los ha frustrat.. Ara son capassos de voler aparentar que son Realistas, y Sala singularment ja te acostumat lo fer tots los papers. Y tornant al assumpto, ¿son per la nació los milions que s' repartiren los Diputats de las Corts? Y que tal si podiam saber com están las bossas de altres y altres? Ahont paran tantas contribucions y préstamos que se han exigit? ¿Y es reformar lo aumentar tan exhórbitantment lo número de empleats perque la nació tinga mes sous que pagar? Aixó encara no es sino un ram de la reforma: del demes tothom veu quant reformats son en vida y costums los Senyors que volen reformarho tot en los altres. *Donaunos pues unas altras provas, y alesoras creurém ab vostra reforma.*

(e) Es esta una veritat que la confessan tots los bons Francesos, y fins ho han dit en sos papers publichs. Es digne de ser llegit lo que escriu lo Senyor Clausel de Cousserges individuo de la Cambra dels Diputats de París en las consideracions que fa sobre la revolució de España, ahont en la página 18 diu lo seguent: *Aixis com en lo setsé sigle alguns sectaris de Lutéro lográren ferse molts sequaces fogosos entre los pobles de la Europa los mes Católichs, y formar en mitg de estos pobles uns partits molt encarnissats, y per conseguent molt perillosos y poderosos; aixis la Filosofía de Rousseau y de Diderot penetrá en España despres del funest tractat de aliansa* entre esta y la Fransa, ab la qual se establiren unas relacions continuas entre los dos paisos; y aixis com en lo setsé sigle las novedats introduidas de la Alemanya en la Fransa seduhiren luego la juventut que frequentava la Universitat de París, igualment la Filosofía y novedats Francesas se propagaren en la Universitat de Salamanca, y en seguida á las altras de España: los llibres de nostres Filosops se espargiren, y foren llegits ab anhelo en tota la Península. Aquestos nous sectaris del materialisme (prossegueix lo mateix autor parlant del temps que Bonaparte invadí la España) no estigueren en disposició de renunciar los gustos de esta vida, y exposarla com los habitants de Zaragoza y altres per defensar la Religió; y aixis los que podian se escapavan á altras provincias ahont encara no era lo enemich, y de esta manera, fugint de un lloch á altre, la turba filosófica, arreplegada de tota la España, no pará fins á establirse en Cádiz. Allá, ab los

Americans y extrangers de tots los paíssos, que abundan en dita ciutat, arribaren á formar una forsa imposant, y mentras qué´ls vells y bons Christians de la España combatian per la defensa de la Religió, Rey y Patria, aquells deixebles de Rousseau arreglavan son pacte social per la España, y finiren en proclamarlo baix lo titol de Constitució Espanyola."

(f) En un discurs que pronunciá lo Señor Chateaubriand ministre de negocis estrangers de Fransa en la sessió de la Cambra de Diputats lo dia 24 de Febrer de 1823 llegí las paraulas, que li digué á ell mateix lo Emperador de Russia en Verona, ahont aná dit Ministre com enviat del Rey de Fransa, y son las seguents: *Jo so molt content que vos hajéu vingut á Verona per ser un testimoni de la veritat. ¿Hauriau vos cregut may, que nostres enemichs diuhen, que nostra aliansa es una paraula que no serveix que á cubrir ambicions? Aixó pot ser hauria estat veritat en altres temps;*

mes en el dia ¿se tracta de interesos particulars quant tot lo mon civilisat es en perill? Ara no pot haverhi mes politica inglesa, francesa, russa, prussiana, austriaca; no hi ha de haver mes que una politica general, qual, per la salut de tots, deu ser admesa en comú per tots los pobles y Reys. Jo so qui tinch primer de manifestarme convensut dels principis sobre los quals he fundat la aliansa. Se ha presentat una ocasió, qual es la sublevació de la Grecia: res sens dubte apareixia mes favorable per mi, per los meus pobles, y per la opinió del meu país, que una guerra religiosa contra la Turquia; mes jó no he vist en los alborots del Peloponéso sino lo estandart revolucionari, per conseguent me so retingut. ¿Que no se ha fet per romprer nostra aliansa? Han cercat tentarme de tota part, los uns prevenint ma opinió, los altres adulant lo meu amor propi, y fins m'han ultrajat en los papers publichs. Me coneixian molt mal si s' creyan que los meus principis no aspiravan sino á una vanitat, ó que cediría per los ressentiments. No, jo no m' separaré jamay dels Monarcas als quals me so aliát. Los Reys poden y deuhen tenir aliansas publicas per defensarse de eixas societáts secretas. ¿Que es lo que á mi podria tentarme? ¿Tinch jo necessitat de engrandir lo meu imperi? La Divina Providencia no ha pas posat baix lo meu domini 800 mil soldats per satisfer la mia ambició, sino per protegir la Religió, la moral, la justicia, y per fer reynar los principis de ordre sobre los quals descansa la societat humana. Esta si que es verdadera protecció.

(g) Los papers publichs dels Constitucionals han criticát y fet burla de las notas de aquells Soberans. Fins la Diputació de Lleyda los insultá ab lo major descaro. Alguns se han valgut del medi pueril de ridiculizar los Soberans de la Santa Alianza, perque no sent alguns de la Comunió Romana vituperan en sas notas lo que en España se ha fet contra la Iglesia; quant en aixó matéix deurian veurer que esta es obra de Deu per conservarnos nostra Santa Religió: pero *l' home animal*, diu Sant Pau, *no coneix las cosas de Deu*, ans be, com diu lo Profeta, despreciant lo honor que Deu li havia fet de elevarlo sobre las bestias, ell se'ls ha fet igual, y vol serhi semblant.

(h) Es un fet que nos refereix la Sagrada Escriptura en lo llibre dit dels Números, que Deu obrí la boca y feu parlar la Burra de Balaam per ferli coneixer que no volia anás á malehir lo Poble de Israel, com li demanava lo Rey dels Moabítas Balac; mes ni per ella, lo seu cor obstinat ni aqueix avís volgué escoltar. Los nostres Constitucionals sembla se han proposát imitar la terquedat de Balaam; per ells no hi ha altra lley que la voluutat del Rey dels Moabitas, del gran Orient dels Francmasons, del qual son los mes ciegos y servils esclaus.

(j) Aqueix seria lo motiu perque lo Advocat Ramon Maria Sala, per anagrama, *L' Asa*, y lo Llibreter Thomas Gaspar, ó *Grápas*, ab l' ingenier Sastre París, y altres com ells, farian tirar á terra la llibrería de PP. Dominicos de Barcelona, ab lo pretext de convertir aquell puesto en una plassa; establiment tan útil al publich fins ara, mes no de aqui en avant, que ab pochs llibres y menos temps n'hi ha prou, segons nostres reformadors, essent per ells mes útil una plassa, teatro, café, ó taverna. ¡Infames! Una Biblioteca que sens costar res al publich, tant servia per sa utilitat, ahont podia qualsevol anar á instruírse tres horas per lo matí y tres horas per la tarde, y en tot ram de ciencias, destruirla....! ¡dispersar sos llibres....! ¡robarlos....! Los Francesos en la guerra de Bonaparte la respectaren, la custodiaren sellada perque no se extravias cap volumen....¿ y quina será la nació, quin será lo tirá, per mes barbaro y brutal que sia, que destruesca un establiment tant útil? Ningun: sols podian ferho los liberals, que ho son verdaderament en fer mal, fins á gloriarsen com lo seu pare Satanás. Per aixó passejantse lo dit Sala entre las ruinas de dita llibreria y Convent de

PP. Dominicos deya mofantse y gloriantse: *Magnifico Convento, no serás mas Convento*; y altre digué: *Es veritat que lo Sistéma perilla de caurer, pero abans no se acábia, farém tant mal com podrém.*

(1) Verdaderament se pot dir que li feren fer de *Sancho Panza* á aquell Senyor Sancho, Diputat, que era, de Corts, quant la Secta lo feu eixir á ell per presentar lo plan de reforma dels Capellans y Frares, ó per dirho millor, de la Iglesia; pues ¿qui dirá que no fou una *Sanchada* com aquella de la *insula barataria* lo fer eixir un militar per donar lleys á la Iglesia? Era molt regular seguint aqueixa farsa, que un dia eixís un Metge á donar lleys á la milicia, ó un Advocat á arreglar la medicina. Aqueix sol desconcert de cosas fa veurer qui son eixa gent reformadora. ¿Y que dirém del *Quixote* San Miguel? ¿Quem'digan si no es una *quixotada*, sabent, com no ignoraban tots ells, que la majoritat de la nació no volia Constitució, obstinarse á tenirlas tiesas á la major part dels Soberans de la

Europa? ¿Y que dirém dels Diputats de Lleyda, entre los quals figurava un Degá, un Catedratich &c. &c.?

(k) Si algu ignora qui es lo subjecte designat per aqueix nom suposát, que ha adoptat ell mateix en un de sos escrits, que ho demania als de la Vila de Sellent que li n' donarán rahó, y ahont trobará no pochs infelissos enlluernáts ab aquell *globo de llum*, que tant han cacareját los propagandistas de las doctrinas del Señor Melato.

(l) ¡Infelís! No pot deixar de verificarse la amenassa que fa Deu en la Sagrada Escriptura de que se riurá del impio en sa mort. Est home, no content de burlarse de Deu ab la mes escandalosa vida desde sa juventud, despres de haver abrassát lo estat Ecclesiastich per mes insultarlo, arribá á ser Vicari General de Calahorra, y despues Secretari del Tribunal de la Santa Inquisició, sent un de tants dels que hi ficá Godoy, del qual se valia la Secta, á fí de minar aquell baluart de la fe. En la invasió de Bonaparte se trobava Canonge de Toledo, y no fou dels últims en seguir á Joseph *Botélla*, del qual fou Conseller de Estat; mes com aquest hagué de tocar *las de Villa-Diego*, y tornar á passar los Pirineus, tambe tingué son amich Llorente de fugir á Fransa, ahont se ocupá en escriurer contra la Fé Católica, diyent, ó vomitant en sos llibres tot quant han dit los heretges antichs y moderns de mes mal contra de ella. Una de las suas primeras produccions fou escriurer contra lo Tribunal de la Fé, com acostuman tots los escriptors de la Secta; Y per donar cumpliment á las suas obras de iniquitat compongué una que titulá: *Retrato dels Papas*, obra vituperada fins per sos mes grans amichs, en la que deixá molt atrás á tots los Protestans y heretges que han escrit contra los Gefes de la Iglesia, en la que ataca y calumnía á tots desde Sant Pere fins á Pio Seté, en la que com diu un Escriptor parlant de dita obra, no s' pot donar mes odi, mes perfidia, ni mes mala fe, tant contra los Papas que com á homens poden haver tingut alguns defectes, com contra los canonizats y venerats com á Sants per la Iglesia. Esta obra li meresqué la expulsió de la Fransa al principi de est any, lo que prova bastant quant mala seria, atés que en dit Regne per rahó de la llibertat de cultos se permeten las obras no católicas. Aná á Madrit, y los Senyors *Catolichs, Apostolichs, Romans* de la Constitució lo reberen ab lo major aplauso, com al mes gran patriarca, pues ara lo haver estat del partít de Bonaparte en aquell temps, era prova de major patriotisme; pero Deu, cansát sens dubte de tanta impietat, no volgué disfrutás gayre temps de las caricias de sos amichs: dins poch morí repentinament en la edat de 67 anys.

(m) Aquest es lo Senyor Melato de Palmira, qual escrigué tambe alesores á favor de Bonaparte per induhír als Espanyols á fi de que se li subjectassen.

(n) Est es lo Senyor Don Joaquim Llorens Vilanova, qual apellido se castellanizá ell mateix, posantse *Villanueva*. Es molt llarga la historia de aquest célebre Capellá per explicarla en una nota; ab dos paraulas está comprés son caràcter. Es lo mes gran hipócrita que se haja conegut despres de Quesnel. Tots los papers ha fet en la Cort ab la capa de mistich. Ha escrit segons los temps acomodant sas doctrinas y opinions á las circunstancias que li han aparegut favorables per fer sa fortuna. Entre altres dels seus escrits es un á favor de la Santa Inquisició; mes luego de abolít aquell tribunal per las Corts de Cádiz, escrigué contra lo que antes havia escrít en favor, y de aquí li prové lo titol del *Escriptor del si y del no*. Aixis en seguida no ha deixat de escriurer, y tant anticatolicament que lo Summo Pontifice ha condemnat sas obras. Per esta causa habent als principis de est any estát enviat á Roma per las Corts com á son plenipotenciari, assegurats que no hi havia millor que ell per intrigar, lo Sant Pare li feu intimar per lo Nunci Apostólich de Turin luego que arribá allí, que no passas mes avant, pues no volia se presentas á la sua Cort. En despich publicá en vers una despedida de la Cort, en que truncant autoritats y concilis diu las mes altas picardias contra lo Vicari de Jesu-Christ, y Cort Romana.

(o) En la sessió de Corts de 3 de Abril de 1821 discutintse lo dictamen de la comissió ecclesiástica sobre dos artícles proposats, á saber, lo primer: *Fins á tant que las Corts resolgan lo convenient sobre lo plan general del Clero de Espanya, suspéngas la provisió dels beneficis y capellanías que no tingan annexa cura de animas, y no s' comprengueren en lo Decret de 1 de Dezembre de 1810;* y lo segon: *Durant la mateixa época no se admétian, ni provehescan capellanías de sanch, ni se erigescan titols de patrimoni;* quals artícles se feyan derivar del fals principi que la mateixa Comissió ecclesiástica havia assentat en son dictamen, á saber, que *lo determinar si es excessiu lo número de Ecclesiástichs, y si aquest excés es perjudicial á la prosperitat pública, y lo pendrer midas per curar, y precaucionar aquest dany politich, es de la competencia de la potestat civil:* lo Diputat D. Agustí Torres Canonge de la Sta. Iglesia de Vich impugná lo dictamen no solament en lo relatiu als dos citats articles, sino tambe, y ab molta particularitat, insistint contra *lo principi* de que s' feyan derivar, manifestant que tot lo dictamen estava en contradicció ab lo sagrat Concili de Trento, ab la práctica de la Iglesia desde son primer origen, y molt particularment ab las Sagradas Escripturas del Nou Testament, en que está esprés que Jesu-Chist y los Apostols ab independencia absoluta de la potestat civil instituíren y enviaren los ministres necessaris per lo establiment, propagació, y govern de la Iglesia. Lo Diputat D. Joaquim Llorens Vilanova, ó *Villanueva*, Canonge de Cuenca, impugná lo discurs del Sr. Torres, y digué: Lo discurs del Sr. Torres es per mi una nova prova de la falta que'ns fan los bons estudis. Jo tinch al Sr. Torres per un Ecclesiástich molt digne, mol aplicat, y que segurament ha fet sa carrera ab gran progrés en sa línea, y ha contret gran merit respecte de aquells que han estudiat los mateixos llibres. Mes per mi lo Sr. Torres (perque es menester parlar clar tota vegada que se ataca á la Comissió) se ha aislát, com altres Ecclesiástichs que jo conech, fins alguns Senyors Bisbes, en un petit circul, en que enclouhen la Religió, de modo que lo que sia eixir de ell, es en son concepte heretgia, es jansenisme, es impietat, y altres noms de esta naturalesa demasiat notoris, y tan agenos de la veritat com de la mateixa Religió. ¿De ahont dimana tot aixó sino de los que se diuhen mals estudis? *Si no llegeixen,* (digué dias atrás un Senyor Diputat que me está escoltant) ¿com han de exposar al Congrés rahons prudents, doctrinas sólidas que dirigescan sas deliberacions per camins que assegurian lo acert? ¿No es posar á las Corts en un compromís suposar que la pietat no se conforma ab lo dictamen que s' discuteix? ¿Y á quin objecte se dirigeix aquest dictamen? A proposar á las Corts una providen-

(162)

da interina que evitia lo aument de nostre Clero, que ja en la actualitat es exhorbitant (per lo menos ell hi es de massa), y molt superior á lo que exigeix lo be de la Iglesia y del Regne. ¿Y se oposa aixó á la pietat? Lo Sr. Torres indica que si. ¿Perque? Perque *no lléigeix*. ¿Y que es lo que no lléigeix? Lo que jo ara vas á llegir. A continuació de est exordi llegí alguns passatges, tots los quals prován lo contrari de lo que pretenia establir, manifestant clarament sa ignorancia, sa mala fe, ó son descaro. Si lo Sr. Torres dona á llum un escrit sobre aquest fet, còm se diu vol publicar, alesores se veurá quant se pot fiar dels bons estudis, dels bons llibres, y de las lecturas del Sr. Villanueva.

(p) Esta noticia nos dona un testimoni que no es gens suspitós. Es aquell famós Bisbe Pratd, del qual se parla en la primera conversa, com de un dels partidaris de la secta, y del qual circula per España la sua obra traduida. Diu pues aquest *san varó* en son llibre titulat: *Memorias históricas sobre la revolució de Espanya*, tercera edició Francesa pág. 243: Que en lo mes de Mars de 1811 las Corts rehunidas en Cádiz enviavan á Joseph Bonaparte, qual era alesores amo de la Andalucía, una comissió de Diputats, que tingueren que detenirse en Sevilla, y no passaren mes avant per rahó de la batalla de Albuera. Quals serian los fins de esta diputació pot deduirse de lo que un Diari Constitucional de Barcelona portá temps passát que deviam estar contens de la vinguda de aquell monstruo á Espanya, perque nos havia molt ilustrát.

"(q) En lo sigle setse en que comensá la heretgia de Lutero, Calvino y altres, fou quant se volgué destruir lo fonament de la revelació divina, no volent regoneixer la autoritat de aquells á qui digué Jesu-Christ: *Anéu y ensenyèu totas las gents: Euntes docéte omnes gentes*: y per conseguent fou alesores que se introduhí la *soberania del poble*, perqué desconeixent la autoritat del Cel no pogueren trobarla mes que en lo poble. Pero es de notar lo que passá ja alesores, perque se veja quant cert es lo que diu Pasqual. En Inglaterra, Dinamarca, Suecia, y Nort de Alemanya los Reys y Princeps, á fí de apoderarse dels bens de la Iglesia y satisfer las suas passions, abrassaren la pretesa reforma de aquells heretges, desentenentse de la autoritat de la Iglesia, y de Deu; y los sectaris ben lluny de atacar la soberanía de aquells Princeps y Soberans en tots aquells païssos, encara la exáltaren mes fins á ferla verdaderament despótica, á fi de que puguessen millor oprimir la Iglesia y católichs, fentlos veurer, que tot ho podian, perque la Religió es de la nació ahont se troba, y aixis que'ls Reys ne son amos, com de tot lo demes que hi ha en la nació, lo mateix que tant han publicat nostres Reformadors despues de haverho copiat de aquells heretges y altres, com tot lo demes que'ns han dit. Al contrari en Escócia, ahont tambe se introduhí luego la heretgia: com reynavan allí Jaume quint y María de Lorena, y despues sa filla María Stuard, quals no volguéren admétrer semblant reforma ó heretgia, sino que foren constants en la Religió católica, desde luego en aquell país un escriptor tant hábil com pervers, anomenat Jordi Buchanan, fent passar á la política los sofismes teologichs de Calvino, imaginá é inventá lo fatal sistema de la *soberanía del poble*, del qual se segueix per ultima consequencia, que la *justicia* no vé de las lleys eternas establertas per lo mateix Deu, sino que no es mes que *la voluntat del poble*, de manera que (com la explica formalment *Juricu* deixeble de *Buchanan*, y despues de ell *Rousseau* y tots los *encyclopedistas*, á qui segueixen nostres reformadors) *lo poble es la sola autoritat que no necessita de motius ni rahons per llegitimar sos actes*: principi monstruós reprobát per tots los Filosops de la antiguedat, y ab tanta forsa com eloqüencia per Cicero; y que solament han pogut reproduir los Filosops moderns, que havent tapcát sos ulls á la llum de la divina revelació, no han merescut, ni estát capassos de conservar la llum natural. Esta perversa doctrina, que ha substituit la voluntat de alló que s' diu *poble* á las lleys eternas del Criador, ha estat la causa dels crims espantosos dels revolucionaris moderns respecte dels quals los Tiberios, los Nerons, y demes tirans de la antiguedat, foren uns homens moderáts, y tambe justos y humans. Ab esta doctrina, quant los Reyes no volen abrassar son partit, los portan al catafal, com feren ab Maria Stuard, y Lluís setse de Fransa; si segueixen son partit, y persegueixen la Iglesia y la Religió Catolica, ja l's volen soberans. Los Vilanovas, Melatos de Palmira, y altres defensors acerrims de la *Soberania popular* contra los drets hereditaris de nostre adorát Fernando, eran los mes vils aduladors de Godoy, perque segundava, y comensava á posar en práctica los plans de la secta.

(r) Los papers publichs han portat, que en Napols despues de libres de la fatal Constitució, lo Rey se ha trobat per tres, ó quatre vegadas rodejat de *Carbonaris*, ó Sectaris que tenen allá aqueix nom. Alerta, pues, alerta.

(s) Del Principal de aquells tribunals encara esperan la major part dels Españols, veurer la sua netedat y llimpiesa. Ah! Pobre España, si ara no se emplea millor sabó y un lleixiu mes fort!

(t) En unas cartas de un amich del Sr. Compte de Toreno impresas á continuació de un escrit que dit Compte revolucionari ha publicat en Paris, se llegeix en la pág. 109 lo seguent: "Vos os recordau sens dubte que Voltaire, ó *Voltér* com regularment diem, defini la Francmasoneria, una societat que no ha fet res jamés, y que may fará res (volent dir ab aixó, que no sabia fer prou esforsos per lo fi que ell tenia, qual era de arrancar á Jesu-Christ de la terra); pues, amigo, jo vos dich, que la Francmasoneria de Espanya ha fet quedar embustero á

Voltér, pues que ella es la que ha disposat los Oficials del exércit de Andalucia á dellíurar la sua patria del despotisme." Fins lo Dimoni diu alguna vegada veritat, encaraqué per mal fi.

(u) Se llegeix tambe en las sobreditas cartas en la pág. 170 lo seguent: *Durant la guerra de la independencia*, (es dir de Bonaparte) *Riego estigué dos anys presoner en Fransa, empleá aquest temps en cultivar son esperit ab la lectura dels bons llibres Francesos.* Vet aqui perque se feu un predicador tant infatigable contra son Rey, y contra Deu, pues tot lo mon ja sab lo que un Lliberal entén per *llibres bons* ¡Quants Oficials que rés sabian del art militar, sols per haver estat presoners en aquell temps, ja han tornat ilustrats, ó per lo menos Francmasons, y aixó mateix los serví molt tal vegada per purificarse mes facilment, encaraque sa conducta en la guerra no hagués estat massa fina, y que tinguessen encara las mans empeguntadas.

(x) Aquí tinch present que añadí Albert, y privats perá sempre no sols de confessar y predicar, sino tambe de dir Missa: pues es cert seria sempre un escandol que uns homens tals tornassen al ministeri de la predicació y administració de Sagraments; los pobles mateixos clamarian y no farian lo menor fruit, ni serian creguts per mes que diguessen veritats. En quant á la Missa, molts de ells aixis com hi creuhen, y de molts fins lo poble mateix ja se escandilizava del modo que la deyan, y fins de que ne diguessen, ni apenas se trobava algu que'ls donás limosna alguna per Missas, y portantne á las Comunitats á que pertañian, encara molts encomanavan als Sagristans, ó Animers, que sobre tot non' fessen dir cap per los *Renegáts*. Privats pues de tot aixó seria molt facil trobar bons y ben proporcionats edificis per tancarlos fora tota comunicació, á fi de que ab sas perversas doctrinas no púguin encara sorpendrer y pervertir á cap incauto. Apareix que no faltan Grandes de Espanya y Señors

titulars que emitint son naixement, han
estat infiels al Rey, y se han fet del
partit de la revolució. ¿Quants de ós-
tos tenen en montañas y despoblats
casas grans, y castells antichs, ahont
se podrian colocar ab seguritat y de-
cencia? Y per no gravar lo estat per
los gastos de la manutenció de tants
colegials, era tambe ben expedit lo
medi. Com entre estos hi ha tants que
disfrutan bons patrimonis, beneficis,
prebendas, dignitats &c. se podria fer
una confiscació general y ferne una
massa comuna, de la qual administ-
rada por bonas mans hi hauria prou
per la manutenció y vestuari de tots.
¿Quants ne podria mantenir lo sol
Melato de Palmira? Tants en fi que
se han entromés en lo govern de las
Diocesis de tants Bisbes desterrats,
perseguits, presos, ó fugitius, y altres
que encaraque obertament no han es-
tat intrusos, se han nombrat á la vio-
lencia y per intrigas, han fomentat lo
partit de la revolució, usurpant la ju-
risdicció que nols competia, señalant
nous prelats á las Comunitats de Re-

gulars, sentse benévolos receptors, dels debils ó relaxáts que demanavan secularizació, ó exhortantlos directa ó indirectament á ella, disposant dels bens de las Iglesias, suprimint parroquias y erigintne de novas, protegint ministres escandalosos y revolucionaris, fins á donarlos empleo en lo sant ministeri, ¿ no mereixerian tots estos tambe la beca de Colegials p̃ que alomenos cooperassen á la manutenció de estos Seminaris? Tot aixó digué Albert, y no era possible explicarse en una decima:

(y) Tontadas y desatinos son verdaderament tot lo que contenen eixos llibres, que vuy dia han escalfat tants caps per arribar als excessos que havem vist, lo mateix que'ls llibres de *Caballerias* abans del sigle setse, posteriorment los *Romances*, y ultimament las *Novelas*, que feyan ara en estos ultims temps las delicias de la juventut, y en las que consistia la instrucció de mols ab prou perdició de sas animas, y moltas vegadas tambe de sos cosos. Hi ha solament la diferencia, que aquellas obras fabuloas eran per desmoralizar, y las de ara son per descristianizar y revolucionar: lo Dimoni comensa per poch, y acaba per molt. ¡Quant seria de desitjar, que vuy dia isqués un ingeni singular com lo de Cervantes per ridiculizar eixas obras de tenebras plenas de mil contradiccions y absurdos! Lo refutarlas seriament seria ferlos demasiát honor. Tal vegada alguns se avergoñirian de haverlas llegit, y no menos que la ama de Don Quijote las llansarian al corral, ó farian com los de Efeso, que com llegim en los Actes dels Apostols, havent conegut sos errors, abandonant las curiositats que havian seguit, portaren los llibres que'ls havian seduhit als peus dels Apostols per cremarlos publicament.

(z) Per lo menos aixis los ho recomana un dels autors, ó refinadors de eixa secta: en veyentvos perduts, diu, si no hi ha altre remey, *patet exitus*, es dir vinga un pistolét, ó punyal, y vamos á torrar castañas.

(&) Lo mateix Compte de Toreno diu en lo ja citat folleto seu, parlant del article 12 de la Constitució, que es lo de la Religió: *Comptéu que será facil ab lo temps, y ab la ajuda de la discussió* (en las Corts.), *y de la llibertát establerta, de propagar las ideas sanas en orde á aixó, es d. dir, de fer compendrer al poble, quant just es, y necessari, de admetrer la llibertat de tots los cultos, y alesores, sobretot si lo número dels estrangers se ha sensiblement aumentat. Lo Espanyol Catolich mirará, sens escandalizarse, un temple protestant al costat de la sua Iglesia, y la vista de una mesquita de Moros, ó de una sinagoga de Jueus, no li inspirará mes horror, que lo que inspirava als seus antepassats abans de establirse lo tribunal de la Inquisició.* Aquí se pot dir lo que digué Jesu-Christ en una de sas parabolas: *Per la tua boca mateixa te judico, malvat sirvént.* Luego es cert que ab lo tribunal de la Inquisició lo Espanyol Católich mira ab horror tot lo que sab á anti-christiá; luego li es necessari lo tribunal de la Inquisició. Ell no es pas veritat lo que diu lo Sr. Compte, que nostres antepassats no mirassen ab horror las mesquitas dels Moros abans de la Inquisició, y sino que m' diga, ¿com es que may cessaren de ferlos guerra en tants cents anys que estigueren en España? ¿Que provan las cent batallas que'ls donáren fins á expelirlos del tot? ¿Be devian mirar ab horror sas mesquitas, quant no tractavan mes que de ferlas desaparèixer? ¿Com es que ab tantas generacions que s' passaren, may s' hi acostumassen? ¿Be es mentir pues á la descarada, dirnos que abans de la Inquisició (qual no era encara establerta) los nostres antepassáts no miravan ab horror las mesquitas dels Moros, sinagogas &c.? No parlau, ó no escriuheu, que no méntia, mes la passió fa dir moltas cosas. Com lo Sr. Comple de Toreno y sos companys no mirarian ab horror una mesquita de Moros, á causa de ser lo Mahometisme una secta análoga á la sua per tan brutal, no tingué cap reparò en posar esta calumnia á nostres antepassats cóntra un fet tant sabut y vist de tothom. Ab tot prenémli la concedida, y judiquemlo ab sas propias paraulas. Donchs despres del establiment del tribunal de la Inquisició lo Espanyol Católich mira ab horror un temple protestant, una mesquita, una sinagoga? Pues aixó es puntualment lo que'ns convé y vol la nació Espanyola, y lo que deuria confessar lo Sr. Compte si volgués ser conseguent, havent jurat, firmát, y tal vegada estát autor de la Constitució que diu: *La Religion de la nacion Española es y será perpetuamente la Religion Católica, Apostólica, Romana, única verdadera. La nacion la protege con leyes sabias y justas, y prohibe el egercicio de cualquiera otra.* Mes cal saber, que sobre aqueix article de la Religió lo amich del Sr. Compte en las citadas cartas diu, que los Legisladors de 1812 tinguéren que pagar est tribut tant vergoñós á la preocupació universal de la nació, es dir, de haver de posar la Religió Católica en la Constitució. Cal saber tambe que ara ja en estos últims temps se feyan suprimir estos dos artícles de *Apostólica, Romana*, que porta la mateixa Constitució, y se espressan en lo simbol dels Apóstols que portan generalment los Catecismes manuals de la Doctrina Christiana. Per aixó demana Pasqual lo restabliment de la Santa Inquisició com á unich remey per salvar y conservar lo catolicisme que tant ha distingit y honrat á nostra heróica nació.

QUARTA CONVERSA

ENTRE

ALBERT Y PASQUAL.

En que se fa veurer quant conforme es á la raho natural la Religio Catolica, y la inconsequencia y absurditat dels enemics de ella.

Prope est verbum in ore tuo et in corde tuo: hoc est verbum fidei, quod prædicamus. Apost. Rom. 10. 8.

Cerca está la paraula en la tua boca y en lo teu cor: y aqueixa es la paraula de la fe que te predicam. S. Pau.

Aixo que diu lo Apostol pot interpretarse, que encaraque las cosas de Fe sian sobre la raho.... no son contra la raho, perque la veritat no pot ser contraria á la veritat. S. Thomas expositant aquellas paraulas.

AL LECTOR.

Encaraque son molts en el dia los llibres manuals, que se han publicat y publican, en que del modo mes evident se fa veurer la falsedat dels arguments dels impios, que han escrit contra la Fé y Religió, per desenganyar als qui se han deixat alucinar de son estil ó pompós ó burlesco; entre que son escrits en idioma que la major part no entenen, y que per raho de son import no tots poden comprarlos; vas pensar no seria fora del cas compendiar en una conversa entre los amics Albert y Pasqual lo que en aquells llargament se esplica. Aixis cumpliré tambe lo que en la tercera estaba mitx promés y que las mias indispensables obligacions fins ara me habian impedit, y continuaré lo fi quem vas proposar en la primera que fou ensenyar lo evangeli als pobres, vull dir, publicar una instrucció sensilla acomodada á la capacitat dels pobres de talents y ciencias, y al mateix temps pobres de bossa. En ella veurás, amat lector, quant conforme es nostra sagrada Religió á la rahó natural, que no som fanatics creyent sens fonaments, com blateran los impios sens poderho probar, y al contrari quant inconsequents son aquestos, quant contradictoris y quant disbaratadament discorran. No me detinc á objectar y soltar la multitut de arguments que fan aquestos contra la fe, ja perque com veuras en lo decurs de la conversa, assentats los meus principis y probats quedan soltats y no deuhen oirse, ja perque sols es propi de teolechs discutir los punts de fe é internarse en las materias de Religió y jo no escric per aquestos, sino per los menos instruits als qui basta saber los motius de la sua creencia en general. La causa perque molts han prevaricat en el dia ha estat lo admetrer disputas de cosas que no'ls pertocaba entendrer per no haberlas estudiat á fondo y ni solament haber saludat las reglas de discernir lo verdader del fals. ¿Pot menos de disbaratar lo sastre que vol entendrer de fer sabatas, lo advocat que vol disputar de milicia ó medicina, lo notari que pretenga donar reglas de arquitectura? pues aixis aquells que sens haber estudiat las materias de religio, com son la major part dels qui se han deixat enganyar en estos temps, (que molts ab prou feynas sabrian la doctrina), han volgut donarhi sa cullerada per haber llegit ù oit quatre bufonadas dels enemichs de ella.

Per aixo me valch de algunas expressions, que entremitx de moltas malas, han escapat als mes grans impios á favor de la Religió y que confirman lo mateix que jo probo, perque vejian los qui los creuen quant lleugerament discorran y que sols la ignorancia, deixant apar la passio que es la que excita, pot haberlos alucinat á donar credit á las impietats que escriuen aquells mateixos.

Aqui ho tens pues, amat lector; llegeix ab reflexio sobre tot, y si ets dels enganyats, llegeix ab imparcialitat, pesa las probas, tingas per unic intent poder coneixer la veritat, y no dupto quedaras convensut. Si ets dels qui per la misericordia de Deu se han mantingut fiels, encara que no ho necessitis per tu, tindras armas per defensarte si algun incredul preten enredarte ó te tracta de fanatic, y per reduir algun amic ó proxim que se habia esgarriat, si vol donarte oidos, ab lo que guanyaras molt devant de Deu, perque ditxos aquell que serveix de instrument per convertir á una sola anima. Finalment lo que per mi te demano es, que te servescas recordar en las tuas oracions del qui te desitja la verdadera felicitat á qual fi te dedica esta conversa.

Fr. Tomas Bou, Dominico.

QUARTA CONVERSA
ENTRE
ALBERT Y PASQUAL.

Pasqual.

Ay, ay! D'hont ixes Albert?
Ja't creya mort y enterrat:
Ay lo bordell del gojat!
D'alegria m' has umplert:
Vaya, vaya, y com es cert
Qu' el qu' un hom menos atina
Allo troba tras cortina!
Y digas, ¿com está 'l mon?
Ja 's á terra 'l fantasmon
De la rassa bandolina?

Albert.

Tant de bo, Pasqual que hi fos,
Y estassen desenganyats
Tots los caps entenebrats
Del sistema revoltós!
¿Sabs que fan? pullós, pullós,
Com la dona dins del pou:
Sentirás que xarran prou,
Que ja, que ja hi tornarán,
Y ab la esperansa qu' están
Se van obstinánt de nou.

Pasq. ¿Doncs, es dir, qu' aqueixa gent
Res li fa anar al diable,
Com se fassia memorable
Y puga donar torment?
Cert qu' es galan pensament,
Per pocs anys de mala vida
Ab llicencia indefinida
De bojejar y fer mal,
D' un infern no fer cabal
Ab torments tant fora mida!
Cabalment los viciosos
Son la gent mes delicada,
Que tant sols una punxada

Los fará estar neguitosos:
Figurat pues que galdosos
Han de estar sempre patint!
Si 'ls deyan ara vivint
Qu' els vindrá un mal de caixal
Cada cop que farán mal,
¿Lo farian molt sovint?

Alb. Oh! Pasqual, vius enganyát
Si't pensas que ab l'infern creuen;
No creuen sino'l que veuen,
La fé per ells se ha acabát:
Tot lo mes qu' els ha quedat
En alguns l' apariencia;
Sens tenir res de ciencia
Van á missa com los cans;
Es dir fan de cristians
No mes que per violencia.
Lo ques cert que molts d'aquells
Que de la fe blasfemáren,
Y publicament negáren
Diuén que res han fet ells:
Ni tampoc los mals consells
Qu' ells donaban quant podian
Retractan als qui 'ls seguian;
Ans be 'ls sembla qu' el que feyan
Y 'ls grans disbarats que deyan

Obligació que hi tenian.
¿Pero que han de retractár,
Si 't dic qu' esperan lo dia
Que la sua secta impia
Del tot tornará á regnar?
Si no deixan de parlar
En tertulias y cafés
Com antes, y no'ls fa res
Qu' els tingan per liberáls?
No hi duptias, molts son tant mals
Com antes y pot ser mes.

Pasq. Pues amiguet, ja 't dic jo,
Que á tots eixos miserables
Los tinc per ben incurables,
Sino mudan de cansó:
¡Es gran obstinació
Lo mal no voler coneixer!
¿Com Deu se ha de compadeixer
D' ells si 'ls errors no retractan?
Y quant menos si se jactan
D' en lo mateix permaneixer?
Mira, cap d' estos pot ser
Absolt, ni en cap lloc sagrat
Si mor, pot ser enterrát
Que no 's retractia primer:
Y si pot, deu satisfer

Los danys qu' ha causat manántlos,
O fenlos, ó aconsellantlos
Com ensenya 'l bon morál,
Pues es de dret natural
Qu' es paguin los danys, causántlos.
 Y en ordre al qui 'ls ha causát
Fent perdr' en altres la fé,
Es expres Pio sisé
En un breu á Fransa dat,
Que al qui ha cooperát,
Sia del modo que sia,
Al cisma ó á la heretgía,
No li val cap sagrament
Sens haber publicamént
Retractát sa apostasia.
 Mes, home, lo que m' fa riurer
Es lo quem' dius d' eixa gent,
Que lo qu' es publicament
Com cristians saben viurer;
¿No son ells qui van escriurer
Y dir qu'era hipocresia
(Contánt que tothom fingia)
Viurer com á cristiá?
Pues, quant mes aquell que fa
Com si creya, y dins rabía?
 Ells no creuen, com tu dius,
Ells mal parlan de la fé,

Ells pensan qu' han obrat be,
Ells se mantenen altius:
Ja't dic jo que son ben vius
No veyent qu' es contradeixen
Quant religio fingeixen;
Pues, ó hipócritas no hi ha,
O en lo mon ningu ho será
Si aqueix nom ells no mereixen.

Alb. Ay Pasqual! gent mes grossera
Ni mes ruca 'l mon l' ha vista,
Ells creyan un diarista
Com la veritat primera:
Penso que ben facil era
Ferlos creurer que parlaban
Las bestias, com nos contaban
Quant eram noys los mes grans,
Y qu' eran vius los gegants
Que á las profesons anaban.
En alguns temps se tenian
Per molt pels aquells que creyan
Tot lo qu' els romances deyan,
Perque impresos los llegian;
Mes ara aquells que s' glorian
De sabis y d' ilustráts,
De vius y despreocupáts,
Se tragaban las patranyas

De quatre bruts pelacanyas
Com píndolas á ulls clucats.
   Llegian en un diari
Fanatisme, hipocresía,
Contra aquell que á Deu servia
O passaba lo Rosari:
No hi habia que duptarhi,
Era aixis com ell ho deya;
Y ara mira que be hi queya,
En temps qu' era contrabando
Per ser ells amos del mando,
Dir hom qu'encara ab Deu creya.

Pasq. Doncs? y allo de la rahó
Natural, que tant ponderan
Que no hi val? perque blateran
Que acerca religió
Creyem sens discrecio?
Sent aixis qu'es ben mentida,
Perque de probas furnida
N' está tant, que á no ser cega
Qualsevol veurá luego
Sols hi donia una llegida.

Alb. Si; llegir m'has dit, Pasqual:
Sabs qui llegeixen primer
Rossó, Llorente, Voltér,

La moral universal::::
Es á dir, tot lo mes mal
Que contra la fé s'ha escrít,
Y la secta 'ls ha interdit
Llegir y fins escoltar
Lo qu' els pot desenganyar
De quant aquells han mentit.

Pasq. Home, aixo será en substancia
Com un que saber volia
D' historia y per xo llegia
Los dotse pares de francia:
Vaya, qu's molta ignorancia
Y estar ben preocupat!
Per buscar la veritat
No cuidarse de rahons
Sino di, 'l demés son trons,
Nos agrada y está acabat!
L' home que's racional
Y que te un xic de prudencia,
Busca ab tota diligencia
Son interes principal:
Y digasme, Albert, ¿que tal?
¿Es alguna friolera,
Saber si es la verdadera
La Religió qu' ens diu,
Que al qui no te fé ó mal viu

Un infern se li espera?
　　Oh! qui sab si es verdader?
Diuen eixos novadórs;
Mes aqui es tot son esfors
Cavitlar que *pot no ser*:
Pero ho deixan tant entér
Sens rahons y sens probar,
Que no fáñemes que duptár.
　(a) Diu Baile, (un dels mes dolents)
Y que ab tots sos arguments
Res han pogut demostrar.
　¿Y sera prudent fiarse
D' uns autors que res no proban,
Y en que solament s' hi troban
Tontadas per objectarse?
¿Alomenos contentarse
Deurian sens ans mirar
Si algu'ls ha sabut soltar?
Lo no ferho es imprudencia,
Y ab ciencia y paciencia
Posárse en perill d' errár.

Alb. ¿Sabs que fan? lo que veyém
En certa gent testarruda,
Qu'en la cosa mes sabuda

　(a) Diccion. tom. 1. pag. 561.

Y qu'els demes no'n duptém,
Troban alló que diem
En catalá, pels als ous:
Tu 'ls dirás, ja no son nous
Vostres reparos, y 's soltan;
Mes ells ni menos escoltan
Y banya avant com los bous.

Aixo's del que jo'm lamento,
Ab los boitxo que encara hi creuen
Com ara l'error no veuen
Y que alló no es mes que un cuento.
Jo cregas que m'hi rebento
Quant parlo ab semblants personas,
Sentirás tambe en las tronas
Que s'els fa veurer l'error;
Mes ells sempre, no senyor,
Tretse y tretse com las donas.

Vejas, doncs, si tinc rahó
Que son la gent mes grossera,
Y si es sols la llaminera
Bruta de la passió
Lo qu'ils fa la opinió:
¿No's una tussuneria
Com la dels rucs? Quant bullía
La sang duránt aquell temps
Que tot era ple de fems
Que ho creguessen::: ¿mes al dia?

Jo'ls dic, tontos, informeus,
Llegiu ara las respostas
Als arguments y propostas
De vostres galifardeus:
Pero primer desprenéus
Del esperit de partit,
Y despres d' haber medit
Ab bonas reflexions
D'uns y altres las rahons,
Seguiu qui'us miri 'l profit.

Pasq. Amiguet, d'esta rahó
Ningu te dret de apartarse;
Lo contrari es obstinarse,
Es preocupació:
Aixo 's fanatisme, aixo,
Aixo 's tenir la fé cega,
Contra lo que tant gemega
Eixa secta diabólica;
Mes es sola la católica
Contra de la que renega.
¡Oh pobrets! si'ls ulls obrian
Per mirar lo seu profit!
¡Si sols un dels qui han escrit
Contra 'ls seus mestres llegian!
¡Si solament ells seguian
Com cal la llum natural!

No dupto qu'el seu gran mal
Comensaria la cura,
Y'ls autors de sa locura
Tirarian al corral.
  La diversitat tant sols
De las opinions impias,
Que s'han vist en nostres dias,
Que l'un diu naps l'altre cols:
Qu'un mateix autor, si vols,
Dos per tres se contradeix,
Que tot son fi consisteix
En exaltar passions
E igualarnos als bacons,
Digas, ¿quin credit mereix?

  Alb. ¡Oh y tal contrarietat!
Que ni solament s'entenen
Ells mateixos, ni convenen
Sino en voler la maldat?
Certas cosas m'han citat
Ells mateixos de Rossó
Unas bonas, áltres no,
Entre si tant oposadas
Qu' ha de fer ab tals noyadas
Fastic, bomit y pudó.

  Pasq. ¿Veus? y aqueix es l'home gran

Segons tots eixos sectaris;
Si be que te molts contraris;
Fins d'aquells que cas ne fan:
Com veuen qu'els van citánt
Sas contradiccions palpables,
Renegan com á diables
Per no saber que respondrer;
Mes ab tot no's volen mourer
Dels seus errors favorables.

Entr' estos, 'l que estableix,
Qu'els homens no deuen creurer
Allo que no poden veurer,
Es tant contra d'ell mateix,
Que trobará qu'il llegeix,
(Y aixo en un mateix escrit,)
(a) *Qu' ell adora molt rendit*
Los grans atributs de Déu
Nobstant que no'ls veu lo seu
Enteniment tant petit.

Hipocrita refinat,
(b) Despres de dir que debía
Ser Deu lo fill de María,
De sos fets y mort forsát:
Despres d' haber confessat

(a) Emil. tom. 3 pag. 58 y 83.
(b) Ibid. tom. 3 pag. 135 y cart. pag. 108.

Que sa historia es verdadera
Y tant com la que mes n'era;
(a) Despres de dir qu'ell segueix
A Jesu-Chist; destrueix
Sa doctrina tota entera.
    Rossó ho ha fet cóm Pilat,
Y tots los deixebles seus
Han imitat los jueus:
¿Sabs que feu aquell malvat?
Despres d' haber confessát
De Jesú-Christ l'inocencia
Tingué la gran insolencia
De á Barrabás compararlo,
Puix arribá á proposarlo.
Com digne de igual sentencia.
    Pues lo gran estrafalari
De Rossó, que com has vist,
Confessa que Jesu-Chist
Es heroe extraordinari;
Despres l' iguala al sectari
Mes sanguinari y brutal
Tant ó mes qu' el liberal,
Qual es Mahoma, fent veurer,
Que tant l'un com l'altre creurer
No fará cap be ni mal.

(a) Cart. pag. 59 y 60.

Sos deixebles tot seguit,
Amics de sang y de carn,
De Jesu-Christ fen escárn,
A Mahoma han preferit:
Per lo menos aquell crit
De *tolle tolle*, que feu
Lo malvat poble jueu
Contra Christo per matárlo,
L' hem vist ara renovárlo
Per aquells contra'l qui' hi creu.

 Pero vaya, qu'ens cansém
A dir lo que tothom diu?
¿Que hi ha del que Rossó escriu
Que ab mala fe no ho trobem?
Ara d' aqui judiquém,
Si aqueix, qu' entr 'ls novadors
Del sigle reformadors
Es dels sabis *flor y nata*,
A trenca coll disbarata,
¿Que serán las demes flors?

Alb. Altre cosa encara hi ha,
Pasqual, que's veu com bojejan
Eixa gent que cacarejan
Lo molt be que Rossó está:
Segons m' has dit ell posá
En sos escrits que hi ha Deu;

Pues d'exos n'hi ha qui n'ho creu:
Diu que l'anima no mor;
Pues molts d'eixos per la por
La fan fondrer com la neu.
　Cregas que t' aturdirias
De tanta confusió,
Del xarrar sens to ni so
Que fan, si com jo 'ls sentias:
Ab dificultat sabrias
Lo sistema que segueixen,
Pues tant aviat se desdeixen
Del qu' han dit, com ho confessan:
Fan com los llops que travessan
Per tot quant los persegueixen.

　Pasq. Aixis ha de succehir
Forsosament al error,
Que sempre lo deshonor
De desdirse ha de tenir;
¿Pues com s'ha de sostenir
Que tal cosa es y no es,
En que ha de parar despres?
¿Has vist que fa un viatjant
Qu'es pert? va titubejant
Desfent lo camí que ha pres.
　Al contrari, la veritat
Sempr' es constant y seguida,

Y no tem ser desmentida
Per qui hi te dificultat:
Vejas quant han treballat
Los enemics de la Fé
Per enredarla; ¿mes que?
Ab tants sigles de durada
La veuhen en res mudada?
No: la mateixa 's manté.

¿Que digan si s'ha trobat,
Qu' algun cristiá al morirse
L' hajan vist arrepentirse
De la fe que ha professát?
Lo que si, un' infinitat
Qu'en vida l' abandonaren
Y en aquell instant ploraren
Son error, es ben sabut,
Y altres que may han cregut
Y á las horas l' abrassaren.

Alb. Oh! aixo cada dia's veu
De varios qu'es converteixen
Fins jueus, tant que aborreixen
Lo misteri de la creu:
No crech pas, á fe de neu,
Que d' aquestos puga dirse,
Que tingan per convertirse
Gaire disposició:

Be será que á la rahó
No poden mes resistirse.

Pasq. Mira, ¿no m'has dit, Albert,
Qu'eixa gent sempre fugia
De la llum? com may de dia
S'els fará si en ells se pert?
O res en lo mon hi ha cert,
O la fe que professam
Es lo mes cert que tingam,
Com que diu molt be 'l Profeta
(a) Que la proba mes completa
Dona Deu perque 'l cregam.

Es aixo en tant veritat,
Que com diu un gran autor,
Si per cas fos un error
La fé del Crucificat,
Ningú hi seria enganyat
Per la falta de prudencia,
Perque aqui la conciencia
De tal modo es convensuda,
Qu'en lo mon may hi ha aguda
Una mes clara evidencia.

Vida y mort de son Autor,
Que fins Rossó diu divina,

(a) Psal. 109.

Santedat de sa doctrina,
Que penetra dins lo cor:
Exemplar legislador,
Que fa mes de lo que mana,
Que fins li diguian demana
Si l'han vist en res faltár:
Pregunto ¿se pot trobár
Semblant en l'historia humana?
　Miracles á cada pas
Obeintlo de manera
La naturaleza entera,
Que perdía son compás:
De res d'est mon no fer cas
Per las suas grans empresas,
Com son lo poder, riquezas,
Y deleites, ¿qui sería
Aquell qu'aixis prometía
Mudar las naturalezas?
　Y 'l cas que ho ha lograt,
Y lo que mes aturdeix
No ferho per sí mateix,
Si no ja crucificat:
Sols deixantho encarregat
A dots'homens qu'el seguian,
Que res d'atractiu tenian,
Que al veur'el pres lo deixaren,
Fugiren y 's dispersaren,

Tant era lo que temian.

   Ara aqui has de anyadir,
Qu'el que succehi aquells dias
Ja ho deyan las Profecias
Molt antes ell de venir:
Qu'ell mateix sempre va dir
La mort que se li esperaba;
Mes que d'ella depenjaba
L'humana redempció,
Y 'l fruit de la missió
Qué als deixebles encargaba.

   En seguida tambe uneix,
Que á estos per convidarlos
A seguir, va anunciarlos
La mort com á sí mateix:
¿Que tal? que t'en apareix?
Es medi gaire espedit
Aqueix per ferse partit,
Si la cosa fos humana?
Pues tot se fa com ell mana
Sens faltar res del que ha dit.

   Ixen estos homens sants
A predicar per lo mon,
Y per tot escoltats son
De sabis com d'ignorants:
Se conjuran los tirans
Y 'ls declaran cruel guerra,

Y pregunto, ¿qui va á terra
Ab tanta sang derramada?
Com mes la terra es regada
Mes la cristiandat s' aferra.
　En seguida dels tirans
Comensan las heretgias,
Sembrant doctrinas impías,
Com ara, falsos germans:
Tambe ho profetisá avans
Lo divino fundador;
Mes per condemnar l'error
Y salvar la veritat
Ja 'ns deixá una autoritat
Que d'engany no hi ha cap por.
　D'aqueixa 'ns assegurá
Que may per may faltaria,
Y que visible seria
Mentres qu' el mon durará
Que contr' ella res podrá
Tot lo poder dels diables
Ab mils medis favorables
Per fer la promesa falla;
Y ab divuit sigles qu'es malla
Que tal? qu'han fet miserables?
　Inmobil com una roca
En mitx d'un riu combatuda
Per l' aygua, se ha sostinguda

Ab contradicció no poca:
Ah! ¿y qui es lo qui no toca
D' esta proba l' evidencia?
Si no fos de Deu sentencia
Auria aixo estat factible?
Naturalment no es possible
Qu'es parlés de s' existencia.

 Habem vist en nostres dias,
Que fins las forsas molt grans
Dels homens, cauhen de mans
Quant son moltas las porfias:
¿Que s'han fet las dinastías
De Bonaparte y sa gent,
De áquell home *omnipotent*,
Qu' arribaren á nómbrarlo?
Nostres ulls qu· han vist alsarlo
Han vist son destronament.

 Pues, si un poder formidable,
Y una gent tant aguerrida
En lo temps de nostra vida
Se ha alsat y anat al diable;
¿Com l' Iglesia miserable,
(S'enten de medis humans)
Entre mitx de tants tirans,
Y tants enemichs com te
Divuit cents anys qu'es susté
Si Deu no hi posa las mans?

Alb. Esta proba solament,
Pasqual, la tinch per tant forta,
Que tinch per boitx qui no porta
A creurer rodonament:
En nostre temps majorment,
¿Quins recursos han quedat
Que no s' hajan apurat
Per perdrerla? fins dos Papas
Han tingut entre sas grapas
Y tot ho han sublevat.

Ja que ab miracles no creuen
Eixos critichs de dotsena,
Que diguin ¿com se anomena
Lo qu'els seus ulls propis veuen?
Si encara ab la tassa beuen
Qu' aixó 's un fet natural,
Qu'els portian al hospital,
Y alli dins de las casetas
Que vejian si ab las baquetas
Podrán curarlos lo mal.

Quant sento qu'es van cansant
A buscar cop d' arguments
Nobstant d'uns fets tant patents
¿Sabs que s'em figura fan?
Com si 'ls qui despres vindrán,
Al llegir las tropelías
Disbarats y bojerias

De tots aqueixos sectaris
En l' historia y los diaris
Ho tenian per fullias.
　　Digas tu quin boitx será
Aquell qu' en lo venider
Dirá qu' aixó no pot ser
A pesar del que veurá?
¿Quin critich s' atrevirá
A dir qu' es una patranya
Tot lo qu' ha sufert l' Espanya
Dels Milans, Rottens, y Minas,
A pesar de las ruinas
Que veurá per la montanya?
　　Puig al contrari, 'l que veu
Que á pesar de tanta guerra
Per tirar l' Iglesia á terra,
Continua ella en son peu;
¿No es ben cego sino veu
Qu' es ella cosa divina?
Pues, quant desde qu' es maquina
Per trobar fals Jesu-Christ
S' ha fet com en lo temps qu'hem vist,
Est argument no t' espina.
　　Aqui impios á trompons,
Aqui sectas fracmasónicas,
Qu' en sas juntas diabólicas
Van preparant los canons:

Aqui los politicons
Baix miras economistas;
Aqui 'ls malvats jansenistas :::
¿Y de quí s' ha valgut Deu
Per salvar al Christo seu?
Fins de lleis anti-papistas.

Pasq. Not cansis: se verifican
Mes claras las profecias
Quant, com ara en nostres dias,
Los enemichs multiplican:
Ells meteixos nos esplican
Ab sa vana resistencia
De Jesu-Christ la sentencia:
(a) *No temias petit remat*
Pues mon Pare ha disposat
Lo teu regne ab complacencia.

Albert, no hi ha que duptar,
Que nostre Religio
Es tant conforme á raho,
Qu'el contrari es delirar:
No qu'es puguian demostrar
Ab la raho natural
Los misteris ni'l moral
Que la Fe'ns ensenya creurer;

(a) Luc. 12.

Sino qu'ens ajuda veurer
Qu'es tot sobre natural.
 Los impios escriptors,
Ab son llenguatge pulit,
Se valen d'un fals ardit
Per enganyar als lectors:
Suposan los seductors
Qu' á la raho allo 's contrari
Qu'ella no pot arribarhi,
Y aixis fan la criatura
Igual á Deu en finura
De precis y necessari.
 Ells no fan distincció,
Com deuen, qu'es una cosa
Lo que á la raho se oposa
Y altre 'l qu'es sobre raho:
¡Quantas cosas comprenc jo
Qu'un altre no compendrá,
O perque no estudiá
O perque no te talents?
Me diria pues be, ments:
No ho comprenc, doncs fals será?
 Ara pues, aquell que cría
De l'home l'enteniment,
¿Be tindra infinitament
Mes qu' aquest sabiduría?
No es pues una bojería

Dir ab gran satisfaccio,
Aixo es contra la rahó
Perque mon cap no hi arriba?
Mes á mes si d' aqui estriba
Lo poder salvarse ó nó?
 Mira, com reflexionada
De la fé l' economia,
Se veu, quant la raho guia,
La cosa mes ajustada:
Callia pues l'acalorada
Passio per un instant,
Y qu'es vajia cotejant
Lo que la fé nos fa creurer
Si 's de raho, y podran veurer
Que res te de repugnant.

EXISTENCIA DE DEU.

Que hi haja un supremo ser
Qu'els Cristians diem Deu,
Qu'el qu'es veu y 'l que nos veu
Ha criat y ho pot desfer,
¿Qui que tinga 'l seny senser
Podra solament duptarho?
Sera un fenomeno raro
Com los bruts, que no mediten;
¿ Vejin si'ls sabis qu'ells citan

S' han atrevit á negarho?

Alb. Nobstant, Pasqual, es estesa
La moda ara de parlár,
Que si á Deu han de citár
Diuen la naturaleza:
Jo'ls dic ¿qui es aquesta marquésa
Que sap tant y que tant pot?
¿Com es una y com es tot
De tant diferents maneras?
¿Y qui va fer las primeras
Per comensár aqueix mot?
 Quant ixen ab la xeringa
De dir qu'el mon fou formát
Per la casualitat,
Dic, boigs, ¿qui ha queu sustinga?
Es dir, que pot ser que vinga
Algun dia que trobém
D'atomos un magatsém
Treballant una casaca,
O un rellotge de botxaca,
Y á fé que será un betlém.
 ¿Quin dupte hi ha? si pogueren
Casualment fer lo mon,
Los atomos habils son
Per fer menos del que feren:
Si pues tant be componguéren

Homens vius com la centella
Que ho fan tot, qu'es maravella,
Mes facil allo'ls será,
Pues diuen qu'aquell que fa
Un coba fa una cistella.
  Diuen qu'el sigle ha vingut
De las llums, jo dic bastardas,
Pues temo que fins albardas,
Sobre d'alguns han plogut:
¿Com botabán han pogut
Sens un Deu sabi formárse
Tans efectes, y ordenárse
Ab tal ordre y simetria?
Los boitxs de la bojeria
Jo crec que poden queixárse.

Pasq. Mira, no cregas, Albert,
Qu'aquells que fan l'andorrá
En ordre á quans Deus hi ha,
Tingan aixo per incert:
Lo seu brut cor y 'l cap vert
Prou voldrian que no hi fos,
Perqu'ls posa la po'l cos
Pensar que hi ha qu'ils espera
Fins alla l'hora derrera
Per ferlos rosegár l'os.
  ¿Has sentit may que ho negués

Que hi ha un Deu amo absolut.
Algun home de virtut
O que cap vici tingués?
Aqueix sí, creuria qu'es
Un subjecte imparcial
Mes que ho diga un inmoral,
Que vol, contr'el que Deu mana,
Viurer á son gust y gana,
Ja's veu lo que li fa mal.
 Per aixo fins Rossó escriu
(a) Procureuvos conservar
En estat de desitjar
Que hi haja Deu, perque, diu,
Si d'aquest modo viviu
May per may ne duptaréu:
Qu'es á dir, si be us porteu
Nous fará por sa justicia,
Qu'es lo que tem la malicia
Dels qui duptan si hi ha Deu.
 Y en efecte, Albert, deliran
Los qui negan l'existencia
De Deu, pues que l'evidencia
La tenen en lo que miran:
¿Quant no buscan y reigiran
Molts d'aquestos per saber

(a) Max. y Princ. Cap. 1.

L' artifice que va fer
Tal edifici ó pintura?
Pues y no será locura
Dir qu'el mon sens ell va ser?
　Un impio molt famós,
Pero, nobstant, que ab Deu creya,
Parlánt dels qu'il negan, deya
Qu' han de tenir fé per dos:
Es dir, qu'es dificultos
Creurer cosas impossibles,
Y com no sian possibles
Sens un Deu las que veyém,
Es precis digan, creyém
Las cosas mes increibles.
　Deya un dia Mirabó
A Bolinbrocke ateista,
Sent aixis qu'aquell llegista
No era mala figa fló,
Sino creyeu, no's aixó
Per poca credulitat,
Pues ab vostra impietat
Teniu tant grans tragaderas,
Qu' absurdos de mil maneras
No'us fan cap dificultat.
　Esta veritat sentada,
Que sols un boitg pot negar,
Se segueix sens molt costar

La nostra fe revelada:
La raho hi es tant forsada,
Que si 's vol ser conseguent,
No hi ha medi convincent
Entre lo Catolicisme
Y 'l negar Deu ó atheisme
Diu Fenelon gran talent.

INMORTALITAT DE LA ANIMA.

Lo primer que se segueix
Es qu'aquell Deu tant altissim
Ha de ser sapientissim,
Com en sa obra 's descubreix:
Y com tot ser que coneix
En sas obras tinga un fi,
¿Qui no inferirá d'aqui
Que molt mes ell lo tindrá?
¿Y quant prudent no será
El qu'ell se prostitubí?
 Ja tenim, pues, qu'en las obras
De Deu no podra faltarhi
Un recte fi, ni al contrari
Podrá haberhi res de sobras:
Vet aqui ja que descobras
Un altre punt essencial,
A saber qu'es inmortal

La nostr' anima, y aixis,
Que fent be será felis,
O sino ho passará mal.
  La rahó no pot fatlir;
Pues habentla Deu criada,
Ell sol es qui l'ha dotada
De aqueix seny per discernir
Entr' el bo y mal, y escullir:
Ara pues, ¿Deu be voldria
Qu' elegis lo que veuria
Qu' es bo, y que fugís lo mal?
Pues no sent ella inmortal
Deu molt burlát quedaria.
  Es ben clar: los llibertins,
O ls impios, que la vida
Volen passar sens cap brida
Qu' els refreni en sos camins:
Que com p' el mal son tant fins
Casi sempre prosperánt
Los veyen, quant morirán,
Si l'anima tambe 's mort,
Aurán tingut bona sort
Y á Deu la figa farán.
  ¿Y t' apar si haventhi Deu
Pot faltárli la justicia?
¿Y pot ser que la malicia
No sia contra 'l fi seu?

Luego si aqui no's veu
Castigat lo qui mal fa.
Un' altre vida aurá
En que l' anima malvada
Sera per ell castigada;
Luego al cos sobreviurá.

Encara que no tingués
Altres probas, es cabal
De ser l'anima inmortal,
(a) Diu Rossó, aquella no mes:
¿Seria just triunfés;
Diu, lo malvat y oprimís
Al just, y qu'aixis finis
Un y altre la carrera?
No: en aquella hora derrera
Pagan fins un marvedís.

Es tant comú aquest refrán,
Que sentiras fins los plagas
Que diuen, totas las pagas
No cauen per Sant Joan:
¿Es á dir, donchs, qu'en caurán
Algunas per Sant Esteva?
Aixis l'impio que lleva
Los drets á Deu mentres viu,
Al morirse Deu li diu

(a) Max. y princ. Cap. 1.

Ara ha vingut l'hora meva.

Alb. Lo millor de aqueixa gent
Es, que per dir lo contrari,
Jamay han sabut trobarhi
Altre proba convincent,
Sino qu'els es violent.
(a) Perque si hi crehen aurán
De ser bons, mentres viurán:
Com un que diners degués
Y per no pagar digués
No 'ls dec, qu' á mi 'm faltarán.

Pasq. Tots los arguments que posan,
Quant contra la fé argüeixen,
Vet aqui en que consisteixen,
Y l' unich fi qu' es proposan:
Que si han de creurer no gosan
La llibertat que voldrian;
Mes aixis millor dirian,
Ans de dir que no convenen
La fé y la rahó, qu' en tenen
Ganas y no mentirián.

Alb. Passa avant, que may tots ells

(a) Dicción. dels filos. pág. 5.

No desfarán tas rahons;
Buscarán solucions,
Pero hi perdrán los cervells:
Lo quem pasma, es d' alguns vells
Qu' estánt prop la sepultura
No deixian semblant locura.
¡Deu nos guart de la ceguera!
Caram! la culpa primera
Nos deixá mala ventura.

PECAT ORIGINAL.

Pasq. Ay, Albert! quina sentencia
Qu' has dit! per casualitat
Un' altre tecla has tocat
De no poca transcendencia:
Vet aqui un' altre pendencia
Que tenim ab los sectaris;
No adméten los perdularis
Lo pecat original,
Y tant sols lo seu morál
Fa veurer son temeráris.
  Ten compte. Mostran tal zel
Si 's parla de la nobleza
De nostr' anima, que ofesa
La miran si 's toca un pel:
Com que tenen gran recel

De sos drets y senyoría,
Fins á tenir la manía
Que ni á Deu deu subjectarse,
Sino libre gobernárse
A sa moda y fantasía.
　Ab ella volen medir
No sols (que no 's poch treball)
Lo de tauladas avall,
Del que no 'n poden eixir,
Sino lo que Deu pot dir:
Com que per ser veritat
Lo que Deu ha revelat,
Ho ha d'entendrer la *Senyora*,
Y may dir, so servidora,
Fassas vostra voluntat.
　Pues, acaba de donarli
Tant altas prerrogativas,
Que pecan per massa altivas,
Han tractat fins de llevarli
La llibertat y posarli
Lo nom de bestia salvatge.
¡Repara tu quin llinatge
Tant nobles prendas mereixen!
¿Veus, pues, cóm se contradeixen
Fins en son mateix llenguatge?
　Com Deu los ha abandonat
Al seu réprobo sentit,

Segueixen sols l' apetit
De la sensualitat:
D' aqaí, pues, han calculat,
Qu'el home sols se movia,
Com en ells los succehia,
Al gust de sas passions
Y qu'aixó de mals y bons
No es mes qu' una fantasía.

Pero los ximples no miran,
Qu' aixo may pot concordar
Ab son modo de pensar,
Quant per llibertat suspiran:
Pues si aquesta fins l' estiran
A volerse sacudir
La lley qu'ens mana seguir
Tant solament lo qu' es bo,
Senyal que á la passió
Y al mal poden resistir.

Alb. Mes home, b' es be prou clar
Qu' aqueixos plagas somian;
O sino, ¿com compendrian
Volernos tant exaltar,
Y dirnos qu' hem de llaurar
Al gust de la passió
Tant si volem com sinó?
Aqueix modo d' esplicarse

Jo diria qu' es burlarse,
Pasqual, de la professó.
   Jo no crech ser diferent
Dels demes homens, y toco
En mi mateix, que si floco
Lo que tinch al pensament,
Es perque vull librémént,
Y no com l' aigua que corra
Per forsa sobre la sorra,
Com que quant no vull se queda,
Sin que *nadie verlo pueda*,
Amagát dins de la gorra.

   Pasq. Ja t' he dit tot s' origina
Del errat calcul que forman,
Perqu' ells sempre se conforman
Ab la passió qu' els domina:
Lo fet es com se combina
Fer l' home una bestiassa
Criat sols per la carnassa,
Com ells volen abaixárlo,
Y despres tant exaltárlo
Quant es de tant mala rassa.
   Seguint la llum de la Fé
Se veu aixo facilment,
Perqu'ens diu lo fonament
D' hont l' oposició prové:

La rahó sola no te
Medi com consiliár
Dos cosas que veu distár
En nostra naturaleza
Com son, la sua nobleza,
Y al mal deixarse arrastrar.
 Fins los filosops antichs,
Que llum de fé no tingueren,
Embarassats se vejeren
Per desfer tals embolichs:
Ells veyen dos enemichs
En la millor criatura;
¿Com pot ser que tant impura,
Deyan, Deu l' haja formada?
Sens dupte hi aurá amagada
Alguna endiabladura.
 La Fé y Religió 'ns esplican
Que Deu l' home feu perfet
Que dels mals lo criá net
Qu' ara tant lo mortifican:
Fins aqui se verifican
Dos punts á que la rahó
Convé per precisió,
L' un es que l' autor es sabi,
Y seria ferli agravi
Dir que feu un mal borró.
 L' altre, que no 's concebeix,

Com un tal ser que domina
Sobre tot lo que camina,
Y sobre tot lo que creix:
Que te una llum que coneix
Lo que passa dels sentits
Tinga estos tant envilits,
Qu' en las cosas naturáls
Lo guanyian molts animals
Aduc d' aquells mes petits,
¿ Qu' es aixo, pues, sino que,
Despres qu' eixí de las mans
Del Criador, y no avans,
Tot lo mal sobrevingué?
Es senyal pues que hi hagué
De part de l' home mudansa:
La fé ho diu: fou l' ordenansa
De Deu, que ab gran insolencia
Trencá: pues sa descendencia
Paga tan mala criansa.
 Mentres que sa voluntat
Y enteniment subjectaba
A Deu, de tot disposaba
Y son cos era arreglat:
Mes despres d' haber pecat,
¿ No fou molt just que negánt
A un benefactor tant gran
La deguda obediencia

Exprimentás resistencia?
Que te aixo de repugnant?
Vet aqui pues ben entesa,
Sens la bestia de Rossó,
La gran contradicció
De nostra naturaleza:
La repugnancia pretesa
Es en ells, que ho embolican,
Quant enredos multiplican
Sols per voler descartarse
De la Fé, y no subjectarse,
Qu'es lo fi perque replican.

Alb. ¿Sabs que diuen? com pot ser,
Que podent Deu impedir
Al home de consentir
A la culpa, no ho va fer?
Item: perque si lleuger
Aquell primer home fou
Hem de portar tots lo jou
De son castich y sas penas?
Jo 'ls dich deixéus de perquenas
Y perquens, ell es qu'ens cou.

Pasq. Home! los grans batxillers
Li flocan p'el descusit
Com si 'ls hagués elegit

Deu per los seus concellers!
Ells serian los primers,
Si pogués verificárse,
Que tindrian que queixarse
Si ho hagues impedit Deu,
Perqu' en lo sistema seu,
L' home libre deu deixárse.

Cert qu' es gran pedantería
La de aqueixos senyors crítics!
¡Llastima que á tant grans polítics
No fias Deu sa economía!
¡Que arreglada que aniria
La divina Providencia!
Ja's veu, quant sa gran prudencia
Vol reformar sos decrets,
Senyal que de sos secrets
Ne té una clar'evidencia.

Vaya, vaya: prou pots dir,
Que ó no hi ha boitjs en lo mon,
O que aquestos tots ne son
Y de molt mal corretgir:
¿Quant lo fanc se va atrevir
(a) A queixárse ab lo gerrer,
Perque tal cosa'm vas fer?

(a) Ysai. cap. 45. v. 9.

(b) Ab un *perque* comensá
Quant Eva y Adam tentá
Ja lo tentador primer.
  L'altre, perque tots paguém
Aquella culpa primera,
Tant conforme á raho era
Qu' el mateix los homens fem:
Per exemple: suposém
Qu' el Rey degrada y desterra
Un Grande perqu' en la guerra
Fou traydor: ¿sa descendencia
No carregará ab la' herencia
L' oprobi y estranya terra?
  Deu á Adam condecorá
Ab la gracia y altres dons;
Mes ab las condicions
Del precepte li posá.
¿Qui mes que just no dirá,
Aquell unic manament,
De que fos obedient
En paga de tantas gracias?
¿Y qui estranya las desgracias
Si ell va ser tant insolent?
  La superbia d'eixos rucs
Que, com lo qui Sant Miquel

(b) Genes. Cap. 3. vv. 1.

Te baix sos peus, fins al Cel
Apuntá lo seus trabucs:
Olvidánt que son vils cucs,
O no res, per dir millor,
Volen que Deu, si senyor,
Estaba obligát á dar
Al home, perqu'els apár
Que fins Deu los es deutór.

 Repara la tontería
D'eixa gent maliciosa;
A Deu deutór lo suposa,
Y al home que res debia:
¿Digas tu quin Deu seria
El que l'hom hagues criat
Libre, sens estar lligat
A cap lley ni manament,
Y qu'ell sent omnipotent
Se quedás sens llibertát?

 Vet aqui 'l mon al revés,
Vet aquí l'amo criado;
Pero no tingas cuidado
Qu'en cap casa d'ells passés:
O sino, 'qui es cas exprés,
Qu'un d'ells, ric sens descendencia
Sols mogut de sa clemencia
Adoptés algun pobrét:
Pregunto, ¿tenia dret

Aquest tal herencia?
  Dirás que no: pues avant
Suposa qu' aquell Senyor,
Ans de ferli tal favor,
Li fa un pacte per devant,
Y li diu, mira Joan,
O Pere, tot lo qu' es meu
Ja desd' ara será teu
Sols me guardias un secret,
Y quant moris, ton fillét
Entrará de tot hereu.
  Pero si tens l' imprudencia
De descubrir lo meu pit,
Te quedarás tot seguit
A la lluna de Valencia:
Supos' ara l' insolencia
D' aquell pobre resuscitat,
¿No será un boitx rematát
Si's queixa del tal Senyor
Tant ell com son successor,
D' haber perdut l' heretát?
  Pues, vet aqui 'l mateix cas
Aquell gran rich clementíssim
Es Deu, y 'l pobre pobríssim
L' home, del cel incapás
Nobstant, ab mi regnarás
En lo Cel, li digué Deu,

Y fas patrimoni teu
Ma gracia si'ts agrahit,
Quant no, 'pots dir bona nit,
¿Qui te culpa sino ho feu?
 Mes, Albert, tu be'ls respons
Qu'es deixian de replicar,
Pues que nons poden librar
Totas las suas rahons:
Cabalment, las passions
Exaltadas, é ignorancia,
La malicia y l'arrogancia,
Efectes d'aquell pecat,
¿Qui mes qu'ells ha arreplegát?
Seva sia la ganancia.

 Alb. Tens raho, com hi ha mon,
Que d'aquella mossegada
D' Adam tant mal assentada
Ells la millor proba son;
Los rots que fan, y la son
Tant forta, qu'els te ensupits
Manifesta quant servits
D'aquella poma quedárem:
Gracias, los qui despertárem,
De ser per Deu redimits.

NO BASTA LA SOLA RAHO NATURAL PER TROBAR LA VERDADERA RELIGIO.

Pasq. Ara pues, desconcertát
L' hom' ab aquella caiguda,
La gracia de Deu perduda,
Del Cel desheredetát;
A sí sol abandonát,
La sola llum natural,
Pero fosca, per caudal,
Y encara ab la rebeldía
Del cos qu'amo ser voldría,
¿Que fará 'l pobre animal?

Tot primer, be deu tornar
De son Autor á la gracia,
Y despres be cal que fassia
Medis per continuar
Y pregunto; ¿cóm pagar
Podrá la inobediencia,
Y contar ab la clemencia,
Si 'l mateix Deu no li dona
L'avis de com lo perdona,
Y revoca la sentencia?

Despres, ¿com podrá saber
Que deu fer per adorárlo,
Per servirlo y aplacárlo

Si algun mal arrib' á fer?
Dir, que per tant gran deber
Ja's prou la llum de rahó
Es falssissim, ó sino,
¿D'hont provenen las tant varias
Opinions, y contrarias
En punt de religió?
   Que la llum de rahó basta
Per dir qu'hem d'adorar Deu
En tots lo pobles se veu
Per mes que de mala casta:
Com qu'es proba que no'n gasta (1)
L'impio que n'ho voldria,
Y si la rahó hi valia,
Tot home d'aqueix sistema
Com un monstruo que blasféma
Castigát per tot seria.
   Pero encara qu'ella diga
Qu'hem d'adorar Deu, ell sol
Pot dir del modo que ho vol
Perque d'un Deu no desdiga:
No veyém quant han fet figa
Fins los mes grans talentassos
Que s'han judicat capassos
De fer lleys religiosas?
Ceremonias monstruosas
Quin vulga n'hi ha cabassos (2)

Ja l' Angel de las escolas,
Per altre nom Sant Thomás,
Mes de sinc cents anys atrás
Qu' es desfeu d'eixos tabolas:
¡Oh, y quant be sota las solas
De sos peus están pintáts!
Pues que no sols los passáts,
Si no 'ls impios moderns,
En los seus sabis quaderns
Trobém molt ben refutats.

Mou lo Sant la questió,
(a) De si l' home necessita
Una lley de Deu escrita,
Ames de la de rahó:
Y resolt (contra Rossó)
Que sí, y ho proba tant clar,
Que ho arriba á demostrar
Y aixo ab rahons naturals,
Que may tots los liberals
Ab Rossó podrán soltar.

Primerament, diu lo Sant
Com l' home sia criat,
Per una felicitat
Eterna tant alta y gran,
Qu' es Deu mateix, ¿com podrán

(a) 2.ªa 2.æ q. 91. art. 4.

Las obras mes elevadas
Del home, sols ordenadas
De son cap curt de gambals,
Als bens sobrenaturals
Ser may proporcionadas.
   Ab lo que passa aqui baix
Se veu aixo clarament;
Pues digas, per molt talent
Que tinga l'home quant naix,
Si algun mestre ó algun bastaix
Carregát de paciencia
No li enseña la ciencia
O las lleys no vol seguir
D'aquells que l'han d'instruir,
¿Qu'en fará de la potencia?
   ¿Basta la llum natural
Per ser metge ó advocat,
Náutic, físic, bon soldat,
Manyá, fuster, menescal?
¿Al qui ho vol ser no li cal
Buscar un que l'instruesca,
Y que las reglas seguesca
D'aquellas arts ó estaments?
Si no ho fa, ab sos gran talents
Se quedará bé á la fresca.

Alb. Home, home, no't cal cansar

Per buscar similituts:
Eixos sabis acampanuts
Te l'acaban de donar.
Ells nos volen ilustrar
Ab sas máximas impias,
Pues si tu las desprecias,
Dirán qu'ets un ignorant
Per mes tingas talent gran
Y estudiis nits y dias.

Encara mes; ellos predican,
Que ab sos errors estantissos
Als homens farán félissos
Si 'ls aprenen y practican:
Menten p'el colls, mes esplican
Lo qu' has dit de Sant Thomás,
Que perque l' home lográs
De Deu que lo fes felís,
Una lley d'ell fou precís
Que digués ¿aixó farás?

Pasq. Amigo Albert, t'has lluit,
Ja veitx que m'has ben entés,
Judica ara quant mol mes
Déu l'home ser dirigit,
Per Deu, qual sent infinit,
Infinita es la distancia
Que hi ha entre l'ignorancia

Del home, y del fi qu' espera;
Pues entre 'el terme y carrera
No hi pot faltar concordancia.
 Despres d' aqueix argument,
Que jo 'l tinc per insoluble,
Ne form' un sobr' el voluble
Qu' es lo nostre enteniment:
No hi ha res mes contingent,
Ni mes incert, diu lo Sant,
Qu' el qu'els homens pensarán;
Si Deu, pues, no'ns fa anar drets,
Serém tants caps tants barrets,
Y sempre estarém duptánt.
 D' aquest famós argument
La proba tením ben clara
Sols ab lo que veyem ara
Entr' aqueixa impia gent:
L' un floca que Deu no hi sent,
L' altre dupta si n' hi ha,
L' altre diu que res li fá
Que l' adorin ó blasfemin,
L' altr' ix qu' encens no li cremin,
Perque tot culto es en vá.
 Eixim los religionaris
Y tals errors reprobém;
Pregunto pues, qui creurém
Entre tants parers contráris?

Escoltat ara 'ls sectaris
De falsas religions:
¿Has vist mes opinions
Ni tampóc mes oposadas?
¿Serán totas ben fundadas,
O ab totas anirém bons?

Alb. Vet aquí jo lo qu' he dit
Moltas vegadas á alguns,
Tractánt sobr' aqueixos punts
¿Es dir qu'es indefinit
Quin es lo segur partit?
¿Es dir tots tenen rahó,
Los sectaris de Rossó,
Católics, y protestánts,
Jueus, y Mahometans,
Dient uns sí y altres *no?*

Luego se seguirá,
Qu'els catolics que creyém
Ab lo que al Credo diém
Ben cert y segur será
¿O bé quina rahó hi ha
Seguint vostra opinió
De que tots tenen rahó,
Perque no 'ns valga á nosaltres?
Pues si 's aixis, ja los altres
Han d'errar tant si com no.

Passo avant y los dic mes:
Luego dien molt mal,
Que la rahó natural
No necessita de res:
Pues com en tots igual es,
Tóthom lo mateix diria,
Pensaria, y obraria,
Lo qu'ém sembla que conclou;
Digas, Pasqual, ¿no fas prou (a)
Sens saber filosofía?

Pasq. Mes home, ¿qui es necessari
Haber molt estudiát
Per veurer la veritát,
Si no's vol ser temerani?
Per negarla, sí, al contrari
Se necessita talent,
Molt estudi., y que present
Se tinga lo que s'ha dit
Perque es sempre aconseguit
Antes qui un coix el que ment.

O sino escoltat l'autor
Del Emilio allí mateix
Ahont ha donát tant greix
Als amics del seu error
(a) Jo prou veitx, diu, que ab primor

(a) Emil. tom. 3, pag. 187.

Me pintéu las lleys morals
Filosops: ¿pero son tals
Com vosaltres me dieu,
Las virtuts, que no'm probéu
Sino ab rahons naturals?
    Pregunto ¿qui m' asegura
De la sua sanció?
Si'm dieu que la rahó,
(a) Vos diré que es poc segura:
Es tant poca sa cordura
Que no mereix confiansa,
Pues tant abiat s' abalansa
Al fals com al verdader,
Per lo tant es menester
Qu' em donéu altre fiansa.
    ¿Veus, pues, com aqui forsat
Lo mateix Rossó confessa
Aquella doctrina expressa,
Qu' el Sant habia donat?
Mes, com estaba obstinat
Contra la revelació,
Tant promte diu si, com no,
Segons ell acostumaba,
Com que ab si mateix probaba
Que no'ns basta la rahó.

    (a) Emil. tom. 3, pag. 91

Dos rahóns mes porta 'l Sant,
Que conclouen l' evidencia
D' aquesta insuficiencia;
Mes no cal qu' ens cansém tant:
Ab las dos ja n' hi ha 'l bastant
Perqu' el menos instruit
Comprenga lo qu' habem dit,
Que Deu sol pot informár
De com l' habem d' adorár
Y de com vol ser servit.

Alb. Mes vaya, si 'l que serveix
Entre 'els homens no pot ser
Que fassa lo que deu fer
Si l' amo no l' instrueix:
Si molt sovint succeheix
Qu' encara prou feina li ha,
Fentho aixis, com qu' es dluja,
Si vols estar ben servit
Feste tu mateix lo llit,
Respecte Deu, que sera

Pasq. Anem pues; doncs ja tenim
Qu' es molt conforme á raho,
Qu' ens donás religió
Lo Senyor á qui servim:
Sols falta que deduim

Qu' aqueixa es sols la católica,
La romana, l' apostólica;
Y que las altres qu' es creuen
Tot lo seu influxo deuen
A l' astucia diabólica.
 Aquells que cap ne voldrian
Pretenen, per escapárse,
Qu' aixo deu examinárse
Com fan los qui matxos trian;
Diuen que primer deurian,
Darse rahons convincénts
Dels misteris als creyénts
Y despres, es cosa clara,
Que mirin si hi ha cap tara
Acerca dels manaments.

 Alb. ¡Tira peixet! quina moda
D' escullir religió,
Aquella que á la passió
Y al nostre gust se acomoda!
D' aixo diem fer la roda
O tornar á la mateixa,
Pues, si tot aquell qu' es queixa
De cumplir, está eximit
Com no hi ha cap gust escrit,
May sabrem quin' es aqueixa.
 ¿Y 'ls que som curts de gambals,

Y no habem estudiat,
Quant aurem examinat
Y comprés uns punts tant alts?
¡Vaya, home, quins animals¡
Per servir á Deu pretendrer
Qu' antes tots tingám qu' apendrer
Una colla de ciencias!
Si 'ns cal fer tals diligencias
Podem cridar ous á vendrer.

Pasq. Oh!........van tocats y posats
Si 's tracta de creurer res;
No fos qu' el dimoni ho fes
Que quedássem enganyats:
No veus Rossó 'ls ha espantats
Qui tément qu' algun canalla
No perdia la juvenalla,
Diu que religió no admetin
Fins á vint anys y 'ls permetin
Entre tant fer la brivalla.
Aquest' es l' instrucció
Del seu plan endiablat,
Que fins en aquell' edat
No aprengan Religió:
Mes com la sola rahó
No pot ferlos impecables,
Com hem probat? ¡miserables!

Si avans acaban la vida
Cal que vagin de seguida,
Com ell, á tots los diables.
 Mes; no te inconvenient
Que sens examen seguescan
A Mahoma, y s' divertescan
Com las bestias lo jovent.
¿Has vist home mes dolent?
Una secta tant brutal,
Que á nostr' anima inmortal
No li senyala altra paga,
Qu' alló ab qu, el brut se propaga,
Dírnos ques racional?
 ¿Y tal home diuen sabi
Quant escriu tal bestiesa?
Crec que la naturalesa
S' avergonyí del agravi;
Pues ni rastre ni ressaví
De racional tingué::::;:
¿Que dich? ni de brut, perque
Sinc fills que Deu li doná
(a) Com á bords abandoná
Y ni coneixels volgué.
 Tornánt pues á nostr' intent,

(a) M.r Merault Continuac. dels apolog. in-vol. part. 1. Cap. 4.

Ja veus tu qu' els qu' han pretés
Que no habem de creurer res
Ans que s'ens fassa evident,
Diuen substancialment
Lo qu' está ja refutat
Que l' home no está obligat
En ordre á religió
Sino seguir la rahó;
Diuen pues un disbarat.

   Habetnos pues de venir
La Religió de Deu,
Ha de anar á comte seu
Dirnos quen' hem de seguir:
Donárnos probas, vull dir,
Certas per assegurarnos.
Qu' aquella es, despres fiarnos
Dell debem, y lo quens toca,
Sens parlar ni obrir la boca,
Abrassárla y subjectarnos.

Alb. Vaja un exemple, Pasqual;
Suposem qu' ara á mi 'm ve
Un orde que se ben be
Ques del mateix General:
¿No faria jo molt mal,
Si complirla refusés,
Que primer ell no'm donés

Raho del seu fi quin era?
Temo que la xarratera
Al canyet se m'en anés.

Pasq. Pues vaya, ab l' exemple teu
Queda al menos esplicat,
Qu' estan l' home assegurat
Que tal religió es de Deu,
Poc está 'l arbritri seu
Abrasarla ó no abrasarla
Sens antes examinarla,
Com pretenen los sectaris,
Que á modo d' apotacaris
Voldrian alambicarla.

L' hom' ab la llum natural
Lo que unicament deu veurer
Los motius que te per creurer
Quina religió es de dalt:
Vistos qu'els te fa mol mal
Si s' entreté á replicar
Tal cosa com pot anar.......
Tal misteri com pot ser.....
Lo óbsequi qu' ell ha de fer
L' enteniment cautivar.

¿Sabs que fa un home prudent
Que son fill vol instruir,
Y 'l pobre no sab llegir?

Busca un mestre inteligent:
Trobát qu' el te, son fill pren
Y 'l posa baix sa ensenyansa,
Y com te la confiansa
Que li ensenya lo que deu,
No diu al fill sinó, creu,
Y ell enterament descansa.

 Figurat, pues, un semblant
En tot home de prudencia,
Respecte la gran ciencia
De la qual estam parlant:
La rahó es l' home ignorant
Que deu l' anima instruir;
Pero com no'n pot eixir
Li diu: la Religió
Te dirá 'l que no sé jo,
Creula, y tracta de obeir.

 Dirán ells, que sa raho
No veu encara 'ls motius
Tant certs y demostratius
De nostra Religió:
Que d' altres, si 's va en aixo,
Dirán qu' en tenen tambe;
Mes es fals; cap altre 'n te
Que pugan persuadirlos:
Que fassan fabor de dirlos
Y si hi donan ells cap fe.

¿Vols veurer clar com menteixen
Quant diuen que tambe 'ls altres
Tenen motius com nosaltres
Per creurer lo que segueixen?
¿Com es qu' aqui no insisteixen,
Ni est argument cap d' ells usa?
Si aquesta 'ls fos bona escusa,
¿S' en anirian saltánt
De naps á cols, y picánt
L' una al mall l' altr' en l' enclusa?

Alb. Tens raho, Pasqual: probada,
Com es fins á l' evidencia,
La necesaria existencia.
D' una lley de Deu donada:
Si la cosa es disputada
Per alguns si 's tal ó qual,
La raho fundamental
Ha d' estar en los motius.
Lo demes es com tu dius,
Pixár fora l' orinál.

Pasq. Si anaban de bona fe
Ja 'ls veurian; pero com
No volen, com sab totom,
Augen de saber perque:
Era pues jo t'els diré,

Y veuras quant' evidencia
Fan de ser nostra creencia
L' unica verdadera,
Y que tot'altre embustera
Ha de ser per consequencia.

LA RELIGIÓ VERDADERA ES SOLS LA QUE ENSENYÁ JESU-CHRIST.

Primerament, ¿quin ha dit
Dels qu' es diuen fundadors
De Religions ó errors,
Nobstant del molt que' han mentit,
Jo so Deu¿ No's trob' escrit
Que cap d' ells, bo, ni dolent
Tingués tal atreviment:
Pues Jesus aixis s' explica,
Jo so Deu, y ho testifica
Ab probas ben claramént.
Nom' cansaré á repetir
Aquellas que t' he donadas
Al principi, tant fundadas
Que may podran destruir:
Lo que fan per s' esmunyir
De no creurer los miracles
Proba quant son tabernacles,
Pues creuen un d' increible

Qual es, un fet ser possible
Sens cap medi y molts obstacles.
　Y en efecte, sino feu
Jesu-Christ ni 'ls qu' el seguiren
Cap miracle, ¿com n'eixiren
De fer creurer qu' era Deu?
¿Com tants sigles que s' hi creu,
Sent aixis que la ganancia
D' aqueixa fé 's l' observancia
D' una lley molt rigurosa,
Y á la carn tant poc gustosa
Que sempre hi te repugnancia?
　¿Com pot ser que milions
De personas de tot rang
Dassen per tal fe la sang
Entre ferros y tions?
¿S'ha vist per opinions,
Y de la carn enemigas,
Que á pesar de las intrigas
Gaires deixin degollarse?
Es impossible trobarse
Menos que miracle 'n digas.
　Repara lo que t' escrit
Volter: *Que no's trobaria* (a)

(a) Volter citat per Mr. Merault Contid. dels Apol. invol.

Entr'els seus qui esposaria
Per defensar lo partit
Ni l' ungla del dit petit:
Estos Socrates, diu ell
No son com los del temps vell:
Poc beurian la cicuta
Per defensar cap disputa,
Perque estiman molt la pell.
 Los filosops de vui dia.
Prossegueix, las mans amagan
Quant sas ideas propagan
Del nort d' Europa al mitxdia:
Estos jo'ls compararia,
Diu, als noys quant han trencat
Lo cetrill, ó s' han menjat
Algun tall de amagatotis
Que si'ls donan cap repotis
Ells donan la culpa al gat.

 Alb. ¡Viva dell! vols una proba,
Pasqual, de com no t'enganyas?
No't cal cremar las pestanyas
Per trobarla tota nova:
¿En quin' historia se troba
Major acalorament,
Qu'el qu'hem vist en nostra gent
Per la Niña que li deyan?

¿Y 's deixan matá 'ls que hi creyan?
Jo veitx que ningú hi consént.
 Ab las armas en las mans
Y duenyos qu'eran dels forts,
Si: ó constitució ó morts,
Mes després fan altres cants:
Peró 'ls martirs cristiáns
May cantan altre cansó
Que viva la Religió
Tant armáts com quant los lligan,
Y tots avans qu' es desdigan
Posan lo cap al piló.
 ¿Y que tal la diferencia
Dels fins? els d'eixa polilla
Tots eran anxa castilla:
¿Y 'ls dels martirs? penitencia;
¿Y ab tot, estos paciencia,
Y tants mils morir consenten?
Ah va: ja 'ls pots dir que menten
Los qui negan qu'aixo fos
Un fet molt miraculós,
Y poc diuen lo que senten.

 Pasq. Pues ja veus qu'aixo no mes
Es un motiu relevant
Qu'els está manifestant
Qu'es cert que Christo Deu es:

Ara que digan després,
¿Com pot negarho Rossó
Quant fa la confessió
De que ab l'evangeli creu?
Pues en ell qu'es Deu se veu
Ab la resurrecció.

 Ames d'aixo, expressament
Confessa que may s' ha vist
Un home com Jesu-Christ
De virtut tant eminent:
Pues una de dos: ó ment,
O Jesu-Christ Deu será;
O sino ¿com compondrá
Persona tan virtuosa,
Ab tal blasfemia horrorosa
Que cap altre dir gosá?

 ¿Seria de virtuós
Dir qu'era Deu, enganyánt?
No 's necessita pas tant
Per ser un ambiciós:
¿Y 'l perjudici tant gros
De tants qu' han perdút la vida
Per sa fé, si fos mentida
També seria virtut?
Jo crec seria tingùt
Per lo mes gran homicida.

 A mes de que, ¿com pot ser

Que Jesu-Christ nos mentís
Y nobstant l' afavorís
Deu en tot quant va voler?
Ja 's vist que lo qu' ell va fer
Y está fent no 's naturál
Perque cap medi humá hi val:
¿Si pues Jesu-Christ mentia,
Com Deu l' autorisaria
Fent quedar be un home tal?

 Deu lo mes que fa, permet
Qu' un home fals seduesca
Ab alló qu' el mon s'engresca,
A tall de demoniet:
Mes may fará ni n' ha fet
Prodigis á son favor,
Com serian, si sens or,
Sens forsas, sense delicias,
O sens mundanas caricias
De molts conquistás lo cor.

 Pues, si aixo puntualment
D'atraurer las voluntats,
Sens cap medi dels citats,
Ans be contr'ells totalment,
Divuit sigles que ho está fent
Jesu-Christ, qui no dirá
Qu' el dit de Deu aquí está?
Senyal pues que no mentía

Pues sino'ns enganyaría
Lo mateix Deu qu' es qui ho fa.
　Passém ara á la doctrina
De la moral qu' ensenyá,
Y aqueixa sola 'ns dirá
Que no es menos que divina:
La llum natural mes fina
No l' habia may trobada,
Sent aixis qu'es adequada
De tal modo á la rahó,
Que tant si vol com sino
Ha de dir qu'es ajustada.
　Te pasmarian, Albert
Las alabansas qu' en diuen
Los qui mes contr' ella escriuen
Rossó, Volter, D' Alambert:
¿Vols un testimoni mes cert,
O be menos suspitós?
Aqui 's veu quant poderós
Es Cristo, que fins se val
Dels seus enemics, qual mal
Fa á sa causa profitós.
　De Rossó tothom ja ho sab
Per los qui han escrit contr' éll,
Y esplican lo descabell
Que hi habia en aquell cap:
Mes, perque 's véjia 'l mal drap

Que ab sos escrits va teixir,
Entr' altres cosas va dir
(a) De Jesus, *Qu' el qu' ensenyaba*
Y ab l' exemple practicaba
Millor ni igual pot tenir.

L' indecent truhá Volter,
Que á Jesus tant abandona
Qu' el nom d' *infame* li dòna
En sos escrits, y 'l primer
Se gloriaba de ser,
Que ab Jesus acabaría;
Mira tambe qu' escribía:
(b) *Que las virtuts cristianas*
Son mes divinas que humanas
Y que ningu avans sabia.

D' Alambert tambe confessa
Lo mateix á cada pas;
Pero 't vull contar un cas
En que veuras com s' expresa:
Cuidaba esta bona pessa
D' un noy, y 'l mestre temént
Tingués inconvenient
L' instruis per combregár,
Li aná avans á preguntar

(a) Emil.
(b) Merault Cont. del Apol. invol.

Si era aquest lo seu intent.
   Se quedá un moment suspés,
Sens dupte titubeján_t_,
Si respondria negánt
Que fos cosa d' interés:
Mes nobstant fos Deu que ho fes
Respongué ab estos vocables:
(c) Si; *perqu' estos miserables*
Joves, sens religió
Luego la moral (com jo)
Tira á tots los diables.

Alb. Pasqual, entr' eixos tambe
No hi es un tal Diderot?
Pues diu qu' aquest caramót
Los mals llibres qu' escrigué
Qu' els llegissen no volgué
Sas fillas y apendr' els mana
La doctrina cristiana;
Y sabent que ho troba estrany
(d) Un amic, li diu. ¿company
Hi ha cap doctrina mes sana?

Pasq. Proseguim: d' aqu' infereix,

(c) idem ibid.
(d) idem. ibid.

Si 'l que diuen que no creuen
Que fos Deu, perque no veuen
Prou motius, credit mereix:
Certament un s' escruceix
De veurer tal terquedat!
Confessar qu' es veritat
Lo qu' ensenyá y lo que feu,
Y que quant nos diu qu' es Deu
En aixó 'ns haja enganyát!
 Pero jo vull mes encara
Profundisár esta proba,
Perque aqui la raho hi troba
La connexio ben clara
Del qu' hem dit y diem ara:
Ja veus tu lo que confessan
Aquells que mes s' interessan
Contra la Religió,
Perqu' els forsa la rahó
Quals clamors may del tot cessan.
 Diga ara l' experiencia
Sin' hi ha cap de mes bona,
O quin' altre mes consona
Ab la raho y conciencia:
¿No'n tenim un' evidencia
Que ningu pot ignorar?
Sempre qu' ella pot regnar
La fidelitat s' observa

En tot contracte, y 's conserva
La pau de tant mal guardar.
   Es una lley tant sensilla
Qu' el mes rudo pot compendrer,
Sens necessitat d' apendrer
Ni solament la cartilla:
Aqui no hi ha cap trinquilla,
Sino á Deu estimarás,
Y en orde al proxim farás,
Lo que no vulgas per tu
Tampoc vulgas per ningu,
Tal farás tal trobarás.
   Es tambe la més antiga,
Pues ja comensá ab Adam;
Sino que com espatllám
Tota cosa que b' estiga,
Dins poc temps ja feu la figa
Com que molt pocs la complian:
Despues als qui descendian
D' Abrám la doná Moises
En escrits, si be que amés
Las que al culto pertanyian.
   Vingué Jesu-Chist, y feu
Un' explicació completa
D' aquella lley imperfeta
En mans del poble jueu:
Digué 'l qu' entenia Deu

Acerca de la moral,
Qu' ells interpretaban mal,
Y que apenas ja guardaban,
Y qu' en ell se completaban
Las altres del figural.
 Que llegeixi qualsevol
L' Evangeli, y trobará
Que tot lo qu'ell explicá
Es clar com la llum del sol;
Alli no hi ha cap cargól
D' enteniment cabitlós,
Alli no 's troba entr' el gros
Y 'l petit cap diferencia,
Alli veu la conciencia
Que no hi ha espina ni os.
 Las lleys morals que donaban
Los filosops bons autors,
Y 'ls sabis legisladors
Del exterior no passaban:
Fins los jueus já pensaban,
Qu' els manaments de Moyses
Al intern no deyan res,
Y qu' el desitx de matár,
Per exemple, ó fornicár,
Segons ells, era permés.
 Pero Jesu-Christ digué
Qu' aquell que fer mal desitja

La lley de Deu ja trepitja,
Y aixis que peca també:
¿Que'm digan sino convé
A la raho natural
Aqueix punt de la moral?
Ó no creurer que hi ha Deu,
O creurer qu' ell tot ho veu,
Fins los desitjs del be y mal.
 ¿Y los homens no aborreixen
Al qui fa ab l' exterior,
Lo que te mes lluny del cor,
Al instant que ho descobreixen?
¿No es aixo en qu' es distingeixen
La virtut é hipocresia?
¿Pero com l' home podria
Penetrar lo pensament?
Era pues Deu solament
Qui tal lley donar debia.
 Finalment, qui'ns ha ensenyat
Lo perdó dels enemics?
¿Habian may los antics
Pensat ab tal caritat?
Y nobstant, ¿no ha cambiat
Dels homens la fieresa?
¿Hont esta lley es estesa
S' hi veuen tantas venjansas,
Tans errors, tantas matansas,

Com per tot hont 's admesa?

Alb. Espera, Pasqual, espera,
Ou lo que ha passat y passa:
Ab tal lley conta be massa
L' impietat embustera:
Quan de la forsa dueny' era
Tot eran crits per matar,
Y ab la Religió acabar;
Mes ara crida al revés,
Qu' en l' evangeli es exprés
Qu' ens habem de perdonar.

¿Doncs ara be concedeixen,
Que lo que Jesu-Christ mana
Es una lley mes humana,
Qu'els disbarats qu'ells segueixen?
¿Perque doncs no's converteixen
Si l'Evangeli es millor?
Sino, ¿com tenen valor
D' invocar la caritat,
O de ficarse al sagrat
Del qu'ells diuen seductor?

¿Com es qu'ara 'ls termes mudin,
D' *humanitat* qu'ells ne deyan
De las crueltats que feyan,
Y á la *caritat* acudin?
¿Que tenen per qu'el sacudin

Si claman *beneficencia?*
Senyal que sa conciencia,
Sos fets y termes reproba
Y qu'en l' Evangeli 's troba
La verdadera clemencia,

Pasq. Amigo, Albert, ja't dic jo
Que parlas famosament:
Es lo mes fort argument
Sa propia confessió:
Dius be, ¿demanéu perdó?
Senyal que 'us fereu culpables:
¿No ho feu ab vostres vocables?
Senyal que ab ells enganyéu:
¿Las lleys de Jesus citéu?
Senyal que son las laudables.
Si, si: no dirá 'l contrari
L.' home mes preocupát:
La lley de la caritat
No's la lley de cap sectari:
Lo caracter sanguinari
Fa la lley en tot aqueix
Pues son orgull no sufreix
Trobar contradicció:
Pero 'l de Jesu-Christ no,
Sino la que 's compadeix.
Queda, pues indubitable,

Quel moral de Jesu-Christ
Es l'unic qu'el mon ha vist.
Sensill, perfet, estimable:
Lo qui fa la pau durable
Lo qui la virtut fa bona
Lo qui'ls agravis perdona
Lo qui compren grans y xics
Reys, vassalls, pobres y rics
Sens excepció de persona.

Tant que volen l'igualtát
Los impios, ¿com no veuen,
Que si ab l'Evangeli creuen
Jesu-Christ los ha igualat?
Mes no trau cap potestat,
Ni vol qu'uns als altres robin
Per aixo; sino que adobin
Tots rangs sos procehiments,
Y qu'estigan tots conténts
En la condició qu'es trobin.

Vol que fem tots lo qu'ell feu,
Qu'es servir los uns als altres,
(a) Aixis com ell per nosaltres
Se feu pobre sent ric Deu;
Vet aquí lo nivell seu
La caritat fraternal;

(a) 2 Cor. 8. v. 9 et 14.

Ab ella tot qued'igual,
Ab ella 'ls pobres son rics,
Ab ella 'ls grans se fan xics
Cedint un poc cada qual.

 Essent doncs la lley millor,
Y á la raho mes conforme,
¿Quin altre mes bon informe
Volen per saber l'autor?
¿Qui dupta qu'el Criador,
Formánt la naturalesa
(a) Del home, li deixá impresa?
Sino que, com hem probat,
Aquell malehit pecat
La deixá tota malmesa.

 Se veu aixó clarament,
Pues luego que l'ha ensenyada
Jesu-Christ, l'habem trobada
Rahonable enterament:
Fas, pues, ara est argument
¿Luego Jesu-Christ será
Un que Deu nos enviá
Per tornárnos á camí?
Doncs si Jesu Christ mentí
¿La culpa qui la tindrá?

 (a) Se enten sempre la lley de la moral natural, pero no tot lo que compren l' Evangeli.

Alb. Ja ho entenc: tira tu eu!
Digas t' empeten la basa:
Caram! quina bala rasa
Qu'es aqueix argument teu!
Has probat primer que Deu
Una lley nos ha donat:
Despres has manifestat,
Que cap s'en sab de millor
Que la d'aquell bon Senyor;
Senyal que Deu l'ha portat.

Has probat despres molt be
D'un modo qu'es innegable,
Que te á Deu ben favorable
Tant ara, com quant vingué:
Pues á pesar que tingué,
Te y tindrá per enemics
Als casi infinits amics
De la carn, dimoni y mon,
Tots quants han estát y son
Per patjes son massa xics.

¿Pues de aqui be se segueix,
Que tot es cosa de Deu
Lo que Christo digué y feu,
Y qu'en tot credit mereix?
Lo qui, pues, dir s'atreveix
Dir, qu'ell se feu Deu sens serho,
Y 'l qu' es pitxor, per desferho

Anar buscant conjecturas
Si son verdas ó maduras,
¿Be tracta á Deu d'embustero?

Pasq. Mira, Albert, es impossible
Que no quedia convensut,
Qualsevol, sino es tussut,
D'una cosa tant visible:
Com que dir, qu'es increible
Despres de tant'evidencia,
Es fer una violencia
La mes clara á la raho,
Volent que la passió
Sofoquia la conciencia.

No crec, pues, mes necessari
Probar cosa tant palpable;
Lo que'hem dit es innegable,
Que probin ells lo contrari:
¿No seria un temerari
Qui digués qu'el sol no eixia,
Quant molt nubol está el dia,
No obstánt la claró qu'es veu?
Pues vet aqui 'l que no creu
Que Jesu Christ un Deu sia.

Alb. No, no, Pasqual, no s'escapan
D' aqueixas fortas rahons

Los impios fanfarrons,
Qu'es pensan que xarránt tapan:
Perqu'es veu com fins s'atrapan
Ab los mestres que segueixen,
Quant los mes boitxs concedeixen
Que te probas de divina
De Jesu-Christ la doctrina,
Y sas virtuts regoneixen.

Pasq. Ja tenim pues qu'ens obliga
La lley que Christo'ns doná,
Perqu'es Deu, y qu'errará
Qualsevol que hi contradiga:
Que debem creure 'l qu'ell diga
Sens duptar, y fe 'l qu'ens mana,
Quant no al cap de la semmana,
Qu'es quant se paga á la gent,
En l'infern eternament
Nos surrarán la badana.

LA RELIGIÓ VERDADERA ES SOLS LA DE LA
IGLESIA CATOLICA, APOSTOLICA, ROMANA,
Y NO CAP DE LAS DELS PROTESTANTS.

Ara sols falta aclarir
Quin es la lley veritable
De Christo, perqu' el diable

L' ha sabuda dividir;
Passem, pues, á discutir,
Quins son propis cristians,
Si 'ls qu' es diuen luteráns,
Calvinistas, jansenistas,
O bé 'ls qu' ells diuen papistas,
Que som nosaltres románs.

Alb. Sembla qu' es facil Pasqual,
Probar qu' es la verdadera
La nostra, sent la primera
Y la més universal:
Qu' es la primer' es cabal,
Pues nostre Crec en un Deu
Es aquell mateix que feu
Lo Sagrat Apostolát,
Y 'l d' aquells un qu' han forjat
Ells, y cada secta 'l seu.
 Qu' es la mes universal
La catolica, ja 'l nom
Ho diu, pues com sab tothom,
Catolica vol dir tal:
Ella per tot es igual
Y per tot lo mon estesa;
Quant cada secta es admesa
Sols en una part de mon,
Es á dir, allá d' hont son

Las llocas, allá s' en resa.

Pasq. Albert t'ixes de fugó
T'explicas qu'es melodia:
D' hont traus tal sabiduria
Que semblas un Salomó?
No'ts tu tant ruc com aixo,
Pues mira qu'els arguments
Qu' has fet son ja convincents,
Mes perque ho vejas mes clar,
Te'ls vull encar' explicar
Un poc mes del qu'els entens.

Has dit, qu'ls heretges tenen
Un nou Credo, qu'es forjáren
Los primers que comensáren,
Y que ni entre si convénen:
Pues sapias qu'es desavénen
Fins los que tenen al dia,
A los de la primaria
Qu'els deixá lo seu padrastre,
De manera que ni rastre
Del seu cap hi trobaria.

¿Com rastre? segons escriu
Lo celebre Bosuét,
Mes simbols de fé ells han fet,
Que pussas no hi ha l'istiu:

(a) Apar que als heretges, diu
Es de tablilla 'l mudar
De fé sovint, pues ben clar
Se veu en los llibres d' ells,
En qu'els Credos nous y vells
Son tants que fa esgarrifár,
    No't cal gaire mes rahons,
Per probar que tot sectari
En ordre á fe es un falsari,
Que sas variacions:
Diem que de opinions
Un hom facilment varía,
Perqu' el fonament cambía;
Mes lo qu'es de fé 's engany,
Perqu' el fonament d' antany
No pot ser qu' enguany no hi sia.
    Per aixo 'l gran Bosuet
Vejé que per refutárlos,
Bastaba sols objectarlos
Las variacions qu' han fet:
Y á fe que poc ho han desfet
Ans be molts se converteixen
Quant la sua obra llegeixen,
Veyént qu'en ella l' autor
Los fa veurer clar l' error

(a) Prolog. de las Variac. pag. 20 25.

Ab lo qu' ells ja concedeixen.
　¿Sabs com ha principiat
Tota secta ó heretgia?
Ab lo gran error del dia
Que ja l' habem refutat,
Es á dir, la llibertat
De la raho natural,
Que no tinga cap ronsal
Per girarla, y que la fé
Qu' en la escriptura 's conté
S' interpretia cada qual.
　Mira quin legislador
Suposan tant imprudent
A Jesu-Christ, que á sa gent
Deixás sens superior:
Es ferli molt poc favor
Dir, que sens ell ha fundat
Tant llarga societat,
Com lo qui fa una truitada
D' ous ab seba y cansalada
Confusament tot mesclat.
　(a) Aixo si, aquells fundadors
De la sectas, que negaban
L' autoritat, se queixaban
Si tenian desertórs:

(a) Bossuet. Exposic. de la doctr. Catol. Cap. 20

¿No veus quins embrolladors?
Ab paraulas y fets deyan
Que ab l' autoritat no creyan
Del Sant Pare, y ells volian
Ben creyénts als qui 'ls seguian,
Y forsánt als qui no ho feyan.

Alb. Mes, Pasqual, ¿qu'es d'admirar
Per exemple, que Lutero
Fos lo mes gran embustero,
Quant sent frare 's va casár,
Y per millor adobar
Ab una monja? aixo sol
Basta perque qualsevol
Vejia si ell alsá bandera
Per la fé y lley verdadera,
O la qu' el diable vol.

Paq. D' aqui ve, que si sen passa
Cap Catolic á la d'ells,
Es perque te cascabells
Al cap, ó 'l te de carbassa:
No se sap que ningu ho fassa
Per millor servir á Deu,
Sino per viure 'al gust seu,

(b) Com un ex-luterá ho diu,
Y que aquest fou un motiu
Perqu' ell catolic se feu.

(c) Tambe 'ls argumenta aixis:
Es un fet cert y constánt
Que de las sectas cap Sant
Sabeu sia al paradis:
Al contrari us es precis
Confessar que molts n' hi ha
Dels catolics: luego está
En ells la salvació
Certa, y en vosaltres no,
Sino 'l dupte si us valdrá.

Si la llum de raho hi val,
Mes tornant á nostre inten
¿No sembla mes natural,
Qu' una Iglesia que creyént
Está invariablemént
Lo qu'els apostols cregueren,
Y que de Christo aprengueren
Tinga sa religió certa
Y no las que ab guerra oberta
D' aquella se desprengueren?

¿No es mes conforme á raho,
Que l' iglesia verdadera

(b) Id. Prol. de las Variac.
(c) Ibid.

Sia aquella que numera
La llarga successió
(a) De sos caps, fins á Lleó
Dotse, qu' es el qu' ara hi ha,
Desde Pere, qu' el posá
Lo mateix Christo en lloc seu,
Que no una secta que feu
Un ex-frare ó Capellá?

¿No será mes rahonable
L' Iglesia que regoneix
Un sol cap, que la regeix,
Y que la fa invariable?
¿S' es vist may un cos estable,
Que no tinga qu'il regesca,
Qui disputas decidesca,
Qui condemni' los errors
Qui castigui 'ls transgressors,
Y qui las lleys protegesca?

¿Y l' Iglesia que fundá
Jesu-Christ no form' un cos
Visible, durable y gros,
Y en el que de tot hi ha?
¿Dirém pues que la deixá
Sens aquell cap necessari;

(a) Era 'l Pontífice regnant, quant assó se escribia.

Sino libre y arbitrari
Sens cap ordre ni concert?
Aixo, aixo seria, Albert,
A la rahó ben contrari.

Luego aquell, que se separa
D' aqueix cos y del seu cap,
N'arrenca pla un valent nap,
Puix contra Christo 's declara:
Vet aqui pues del tot clara
La questió que tractém,
Perqu' els sectaris sabem,
Qu' el cap y cos han deixát,
Luego son ells qu' han errát,
Y nosaltres bons aném.

Encara mes, ¿los cridats
A la religió no son
Los homens de tot lo mon,
De tots los estats y edats?
Com serán asseguráts
Los ignoránts que van be,
Si l' Iglesia no conté
Una autoritat visible,
Qu' els sia regla infalible
De la lley y de la fé?

¿Ho serán per lo qu' els diga
Lo primer que trobarán?
Mes com s' hi subjectarán

Si cap autoritat lliga?
Si la d' un cos no 'ls obliga
Quant menos la d' un Lutero,
D' un Calvino, d' un Bucero,
Y altres plagas liberals,
Sens senyals bons sino mals,
Y 'l que menos embusteros?
 Vet aqui, pues, la gent ruda,
Qu' es la mes gran porció,
Sens fé ni religió
Per serlos desconeguda:
Perque una religió muda,
Vull dir sens predicadors
Tindrá molt pocs seguidors;
¿Mes qui la predicará,
Si una autoritat no hi ha,
Que asseguri sos clamors?
 Y 'ls sabis ¿qui seguirán
¿Que creurán qualsevol cosa?
Si una autoritat no hi posa
Una regla, ¿que faran?
¿Sabs que? lo qu' hem dit que fan
Los qui l' autoritat negan,
Qu' en cap punt de fé sossegan,
Y no lligan entre si:
¿Y será aqueix bon camí
Perque tots una fé cregan?

Alb. Son tant clars tos arguments,
Pasqual, qu' ara veitx ben be
Lo que Fenelon digué,
Que son mes inconseguents
Tots los desobedients
Al Papa, qu' els que negaban
A Deu, pues, si be ho pensaban,
Fan tots los d' aquella banda
La professó de bajanda,
Que de tres dos arreglaban.

Pasq. Torném ara á lo qu' has dit,
Qu' es la mes universal
Nostr' Iglesia, y qu' es igual
En tots llocs fé y esperit:
Això may s' ha contradit,
Ni poden, perque la veuen
Entr' aquells que molt fret beuen,
Entr' els caps torráts del sol,
Y en tot hont est dona 'l bol,
Y que tots lo mateix creuen.
Es dir, catolics románs
N' hi ha al nort, n' hi ha al mitxdia,
Entre mitx l' algaravía
De las sectas protestánts:
Entre los mahometáns,
Tambe al llevant y ponent

Entre l' idolatra gent,
Y en totas parts regoneixen
Lo sol Cap, y se regeixen
Ab sa lley y fé igualmént.
　Mes que digan los sectaris,
¿Quin d' ells se pot gloriar
De tant terreno abrassar
Ni tenir tants partidaris?
No cap, perqu' els emisaris,
Qu' envian per propagárse,
Luego los veyém alsarse
Ab doctrinas diferents,
Declarárse independents,
Y nova secta formárse.
　Com no hí ha un' autoritat
En l' Iglesia, segons ells,
Los moderns deixan als vells
Y may guardan l' unitat:
Aixis s' han multiplicát
Tant, pero forman molts cossos,
May son un cos, sino trossos
Que juntáts fan tot lo mes
Un mónstruo: com si un juntés
De varias bestias los ossos.
　Luego l' Iglesia Papal,
Que per tot lo mon se sab,
Que te un ben visible cap,

Es la mes universal:
Y digas, ¿no es mes natural
Qu' aquesta sia la pura
La sola certa y segura,
(a) *Lley de Christo? Lo seu só*
En tot lo mon fará tró
Nos diu l' antigua escriptura.

   Y realment correspon,
Que la lley qu' hem d' observar
Per tot se puguia trobar,
O se sapia hont es la font;
Com qu' el Salvador del mon
Deixá ja aquest manament:
(b) *Ensenyeu tota la gent,*
(d) *Qui crega, se salvará,*
Y qui no, 's condemnará,
Volént fos la mes patent.

   Tenim, pues, que l' unitat
De la fé, que Christo mana,
Tant sols l' Iglesia Romana
Es la que sempre ha guardát:
Qu' es la que s' ha predicát
Tot arreu, y s' hi professa;
¿Y vols proba mes expressa

   (a) Psal. 18. v. 5.
   (b) Math. Cap. 28. v. 19.
   (d) Marc. Cap. 16 v. 16.

De qu' ella es la veritable?.
Diga 'l que vulga 'l diable,
Que la raho aqui 'l travessa.
　　Encara hi ha un'altre proba,
Y es, qu'els infinits sectaris
Per mes que sian contraris
En la fé, pues l' un aproba
Lo que l'altre desaproba,
Se convenen entre sí
Que tots van per bon camí;
Mes la Romana los diu,
Per lo mateix tots mentiu
La veritat no va aixi.
　　Veus, Albert, com si seguim
Ben be la llum natural,
Se troba racional
La religió que tením?
Vegian, pues, com desmentim
Lo de eixos mals filosóps,
Que creyem com los mióps
Ó á cegas sens fonaménts;
Ells si que per ser dolents
Son mes rucs que gent d'esclops.

Alb. Y escolta, ¿qu'en dius, Pasqual,
D'aquells, qu'encara en dia,
No tenen per cosa impia

Lo sistemá liberal?
Es aixó tant general,
Que son pocs los qu' hajan dit,
Estic del tot penedit;
Al contrari 'ls mortifica
Si senten que se predica
Contr'els errors qu' han seguit.
  No obstant que á molts los veurás
Las Iglesias frequentár,
Confessar y combregár,
Ab sos tretse 'ls trobarás
Que no creuen, oirás,
Uns ab butllas de crusada,
Altres que cosa manada
Del Papa es no obligatori,
Altres fins lo purgatori
Tenen per cosa inventada.
  Es á dir, que ab tals errórs
Creuen anar be y salvárse,
Pues se veu que al confessárse
Ho callan als confessórs:
Ni deixan als seductórs
Companys qu'els han enganyát,
Ni 'ls llibres han presentát
Qu'els han causat la ruina:
Es dir no trauen l'espina
Y's pensan haber curát.

Pasq. Home, si ho dius tu mateix
¿Perque'm preguntas que hi dic?
¿Sabs que hi dic? que jo m'en ric
D'aquesta casta de peix:
¿Qui es aquell que no coneix,
Qu'el adagi catalá,
Tot moro ó tot cristiá,
Vol dir, qu'en religió
Aixo m'agrada, aixo nó,
No passa, ni passará?

Principalment si tractém
De punts de fé, aixó está clar:
Un sol qu'es vulga negar,
Tot'entera la perdém:
Perque, com tot quant creyem
Es revelació divina,
Aquell que busca brunquina
Sobre aqueix ó aquell misteri,
Proba que te poc sinderi,
Si diu que creu la doctrina.

Diu mentida: lo que creu
Es la sua voluntat,
Y no 'l qu'está revelat
Á l' Iglesia, com se veu:
Ó sino, ¿sobre quin peu
Se funda perque sols crega
Alló qu'en ell li aparega,

Y no'l demes? be será
Perque unicament voldrá
La fé com ell se manega?
　　Y á las horas, bona nit:
Per ell no fa un puny de dia:
Si diu que te fé, somía,
Pues, no es perque Deu ho ha dit,
Sino qu'el seu esperít
Li dicta creurer tal cosa,
Y no alló que li fa nosa;
Quant per la fé está obligát
Creurer tot lo revelát,
Que l'Iglesia nos proposa.
　　Mes clar; si 'l tal fé tenia,
Com debem pera salvárnos,
Que Deu no pot enganyárnos
Necessariament creuria:
Luego no s' resistiría
A creurer tot quant esplica
L'Iglesia, qu'ens certifica
Del que Deu ha revelát;
Luego sens fé s'ha quedát
El qui á l'Iglesia replica.

　Alb. Sabs quina resposta fan,
Ab que veurás com bojejan?
Qu'els qui l'Iglesia manejan

Nous articles van posánt,
Qu'en l'Escriptura no están,
Ni son cosas reveladas
Per Deu, si sols inventadas
Per ells, com lo Purgatori
Perque fent lo gori gori
Captin bonas alforjadas.
  Citan qu' en tal sigle feren
Lo Purgatori de nou,
Com aquell qui pon un ou,
Y qu'els creduls s'l begueren:
Qu'els antics poc hi cregueren
Ni tenian indulgencias,
Butllas, delmes, ni abstinencias,
Que tot son papa dinero,
Que no es. Que qui mana ferho,
Ni'ls ha donat tals llicencias.

  Pasq. Pues, home, digas que negan
L'infalible autoritat
De l' Iglesia y está acabat:
Vet aqui 'l sot qu'ensepegan
Los heretges, que la pegan
En que l' Iglesia va errada,
Dient qu' ells l' han reformada.
Mes aixo ja hem dit aváns,
Que son cosas repugnánts

A la raho ilustrada.

Mira sí 's vell, que ja fa
La cortedat de tres sigles,
Que Lutero aquells articles
D' impugnarlos comensá:
Lo que diuen pues ja está
Empestánt de tant pudrit:
Y'ls es un bell acudit
De ab Lutero fer comunal
Digals pues que aixo 's la lluna
Y que sen tornian al llit.

Mes sicles fa qu'els digué
La resposta Sant Thomas
Que com tenia bon nas
No's deixá res al tinté:
Digals, pues, qu'el mirin be
(a) Y en sos escrits trobarán,
Qu'es fals que vagia posant
L' Iglesia ó sa prelacía
Articles que no hi había,
Com fingia aquell bergánt.

L' Iglesia may ha mudát,
Ni pot mudar, ni anyadir
Res de fé, sino instruir
Sobre'l qu'está revelát:

(a) 2. 2. Q. 1. art. 7 y 9.

Com á son temps s' han alsat
Heretgias, que atacaban
Certs punts de fé, que no estaban
Espressáts al primer *Credo*,
Per evitar tot enredo
En Concilis s'esplicaban.

Per exemple: may s' habia
Duptat que Christo fos Deu,
Y que del Etern Pare seu
En ser Deu no's distingia:
Tot aixo ja's comprenia
Quan en lo *Credo* diém,
Unic fill seu, y ajustém,
Senyor nostre que vol dir,
Que l' hem de creure y servir
Igualmént que al Pare fem.

Pues, nobstant, no va faltár
L' heretge Arrio que ho negaba,
Y que prou mal de cap daba
A l' Iglesia y que plorár:
Concili 's maná juntár
En que l'article explicáren,
Y al *Credo* antic ho ajustáren,
Qu es com en la Missa 's diu;
¿Qui pendrá d' aqui motiu
Per dir que la fé mudáren?

Lo mateix del Purgatori

Ab que avans de Christo creyan
Los jueus, qu'es veu que feyan
Per los difunts ofertori:
A fe qu'es clar y notori
En alguns dels llibres seus,
Entr'ells lo dels Macabeus
Y Tobias, despres prou
Clar es lo testament nou
Confirmant lo dels juéus.

Ningu'n duptaba tampoc
En cap dels sigles primers,
Y al quinse t'ix lo pervérs
Lutero á apagár lo foc;
Vull dir, negánt aquell lloc
Y altres cosas no duptadas,
Las que veyent enredadas,
Juntá 'l Papa en Tridentino
Lo Concili, en que ab tot tino
Quedássen ben explicadas.

Los heretges no adverteixen,
Ni'ls qu'ara per ells se guian,
Pues fins sos termes copian,
Que á la clara 's contradeixen:
Perque quant se resisteixen
A creurer tal ó tal cosa,
Es senyal que alló'ls fa nosa
De lo que l'Iglesia deya;

Luego es fals que avans no ho creya,
O que de nou ho proposa.
 Perque sino, ¿á que vindria,
Lo que fan ells, de negarho?
No es dir que troban reparo
A lo que antes ja existía?
¿No es aquesta sa manía
De dir cosas oposadas
A las que son confessadas
Per l'Iglesia? senyal pues
Que no n'ha anyadit cap mes
A las qu'eran reveladas.
 Per fi, dient que creyém
En la Santa Mare Iglesia
En lo *Credo*, qu'es suspesia
Qu'es lo que creur' enteném:
Igualment que quant diém,
Crec en un Deu, vol dir,
Crec Deu que no pot mentir:
Creyém l'Iglesia tambè
Veritable, perque té
Promés que no pot fatlir:
 Pero com errát auria,
Si sens com va ni com costa
Una fé s'hagues composta,
Com ho fa tot' heretgía:
Tot lo Credo incert seria

Desde qu'els primers heretges
De l'Iglesia 's feren metjes;
Pues si un article es duptós
Tot lo Credo es suspitós,
A pesar de tots sos fetjes.
 M'esplicaré mes, Albert;
¿Quins donará cap raho
Perque l'un sí, l'altre no
Dels articles sia cert!
Si'n trobem pues un d'incert
O de fals, podrém duptár
Dels demes, y suspitár
Si'ls Apostols quant los feren
Enganyárnos pretenguéren
O ells se varen enganyár?
 Vet aqui la fé acabada
Pues del incert fé no hi ha:
Vet aqui que fals será
Que hi haja fé revelada:
Nobstant com l'habem probada
Ab rahons ben convincénts,
Digals á aqueixos sabénts,
Que á l'Iglesia fan erranda,
Que son formatges d'Olanda
Y que son inconseguénts.
 Digals qu'es de fé divina
Que l'Iglesia en ordre á fé

May ha errát, ni pot, perque
(a) L'esperit Sant l'encamina:
Qu'en ordre á la disciplina
Com son consells, manaments,
Que han de seguir los creyents,
Tambe 's de fé que li ha dat
Jesu-Christ l' autoritat
Per fer los convenients.

 Encara, pues, que no sia
De fé, delmes, y abstinencias,
Frares, butllas, ni indulgencias,
Com molts responen al dia;
O es que Deu l' Iglesia guia
Quant eixas cosas disposa,
O es qu'aquell que s'hi oposa
Negant tinga autoritat
Falta á la fé, y que pecat
Fa qui no obeirla gosa.

 Solament considerém
La demasiada flaquesa
De nostra naturalesa,
Per cumplir lo que debém,
Qu' es necessari veurém
Tot lo que l' Iglesia mana
Per fernos la cosa plana,

(a) Math. Cap. 28 v. 20.

De manera que sas lleys
Se poden dir tants remeys
Per curar nostra galbana.
 Los delmes per mantenir
Lo culto, que la codicia,
Instada per la malicia
De molts, faria abolir:
L'abstinencia fa cumplir
Molts dels altres manaments,
Las indulgencias son bens
Qu'els justos nos comunican,
Las butllas tals bens aplican,
Los frares fan penitents.

 Alb. Be, Pasqual, ja ho tinc entés
Y penso que qualsevol
Ho pot entendrer si vol
Com no tinga 'l cap espés:
Has probat qu'evident es
Que hi ha un Deu qu'ens ha criat,
Has tret d'aqui qu'ens ha dat
Un' anima racional,
Y qu' un mal original
Contreya d' un cert pecat.
 Has despres d'aqui inferit,
Qu' un'obra tant espatllada
No pogué ser adobada,

Sens Deu posarhi lo dit:
Que may se n'auria eixit
Sens la revelació
Contánt sols ab la raho;
Qu'esta en lloc de apedassarla
Encara ajuda á espatllarla,
Sens la fé y Religió.
   Per ultim has demostrat,
Que l'unica verdadera
En el dia tant sols era
La que Jesu-Christ ha dat:
Que aqueixa es la que ha guardat
Tant sols l' Iglesia Romana,
Que si algun del qu'ella mana
Creurer y fer se desprent,
Pert la fé, y de conseguent
Al diable s'encomana.

Pasq. Bravo, Albert: es puntuál
Com t' he dit: mes te presént
Que no he fet altre argument,
Qu'el de raho natural,
Sols perque vegias quant mal
Discorren tots los sectaris,
Per conseguent no reparis
Dir, qu'els que negan la fé,
Perqu'els disgusta obrar be,

De la rahó 's fan contraris.

Fes pues apuntacions,
Perque puga recordárte,
Y quant vingan á insultarte
Valte de aqueixas rahons:
May admetias questións
De com pot ser tal misteri;
Digals, si pogues haberhi
Dels misteris evidencia,
Ja n'n tindriam creencia,
Y Deu perdria l'imperi.

Digals, que per disputár
Si habem de creurer o no,
No s' ha de probár sino,
Si un se pot ó no fiár:
Lo voler averiguar
Com pot ser, es tonteria;
¿Qui res d' historia creuria
Si tot tingués que palparse?
Ni 'ls cegos podrán fiarse
Quant un hom los diu qu'es dia.

No 't mogas, per conseguent
De la fé del *Carbonero*:
Digals tinc motius per ferho,
Y estampals ton argumént:
Si te responen rient,
O de naps á cols saltánt,

Com tots los increduls fan,
Digals que ja's molt sabut,
Que aixo proba plet perdut,
Y tu respontlos xiulánt.

Alb. Ay Pasqual! si tots guardássen,
Com se deu, aqueixas reglas
Que m'has dat, y tantas teclas
Sens entendrer no tocássen;
No crec jo qu'els enredássen
Los filosops de cap vert:
Ja't prometo jo que Albert
Las guardará. Anem disposa,
Que m'en vaix: de salut gosa
Y Deu te do un bon acert.

Pasq. Lo mateix, Albert, y en tot
Lo que jo puga servirte
Ja ho sabs, no ho tinc pas de dirte,
Mana, y es dit ab un mot.
No't fassas de cap complot,
No't tractis ab cap sectari
Perque es revolucionari,
Sias fiel sempre al Rey,
Cumpleix com se deu la lley,
Y no deixis lo Rosari.

FIN.

INDICE

dels principals asumptos de que tractan las anteriors *Quatre Conversas.*

Pág.

Primera Conversa. Impugna la impietat y heretjía escampada ja en lo principi de la llibertát constitucional............ 15.

Segona Conversa. Pinta ab sos verdaders colors la francmasónica inquisició del liberalisme, jacobinisme, carbonarisme, radicalisme y jansenisme &c. 41.

Tercera Conversa. Presenta lo cuadro de la conducta dels liberals en general y de alguns en particular. 85.

Quarta Conversa Fá veurer cuant conforme es á la rahó natural la Religió Catolica y la inconsequencia y absurditat dels enemichs de ella........ 183.

Existencia de Deu...... 209.

Inmortalitat de la anima.... 214.

Pecat original........ 218.

No basta la sola rahó natural per trobar la verdadera Religió...... 230.

La Religió verdadera es sols la que enseñá Jesu-Christ. 247.

La Religió verdadera es sols la de la Iglesia católica, apostolica y romana y no cap de las dels protestants........... 266.

FEÉ DE ERRADAS.

Pag.	Lin.	Diu.	Ha de dir.
23	16	quels neguia?	quels neguia,
64	2	¡Amants de sos fills la pagan!	¡A quants de sos fills la pegan!
65	11	No es de estranyar, pues	No es de estranyar, pues serveixen
185	14	Ciencia	creencia
201	19	Y'l cas que ho ha lograt	Y'l cas es que ho ha lograt
207	6	Fins de lleys antipapistas	Fins de Reys antipapistas
210	6	aquesta	esta
214	18	prestituhí	prestituhí
219	16	acaba	acabat
237	20	Antes qui un coix &c.	Antes qu'un coix &c.
260	ult.	Que tenen per qu' el	Que tenen por qu' els
272	14	*Est vers ha de ser lo segon y lo segon primer.*	
279	25	qu' encara en dia,	qu' encara en el dia,
283	16	Que no es. Que	Que no es Deu
289	13	O es que Deu &c	Ho es que Deu &c.
ibid.	15	O es qu'aquell &c	Ho es qu' aquell &c.